天津文史资料选辑第126辑

孙中山 挽联选编

中国人民政治协商会议天津市委员会文史资料委员会 编

天津出版传媒集团

天津人民出版社

图书在版编目(CIP)数据

天津文史资料选辑. 第126辑, 孙中山挽联选编 / 中
国人民政治协商会议天津市委员会文史资料委员会编. ——
天津：天津人民出版社, 2018.7
ISBN 978-7-201-13771-1

Ⅰ.①天… Ⅱ.①中… Ⅲ.①文史资料–天津②挽联
–作品集–中国–民国 Ⅳ.①K292.1

中国版本图书馆 CIP 数据核字(2018)第 138838 号

天津文史资料选辑 第126辑 孙中山挽联选编
TIANJIN WENSHI ZILIAO XUANJI DI 126 JI SUNZHONGSHAN WANLIAN XUANBIAN

出　　版　天津人民出版社
出 版 人　黄　沛
地　　址　天津市和平区西康路 35 号康岳大厦
邮政编码　300051
邮购电话　(022)23332469
网　　址　http://www.tjrmcbs.com
电子信箱　tjrmcbs@126.com

责任编辑　岳　勇
装帧设计　明轩文化·王　烨

印　　刷　高教社(天津)印务有限公司
经　　销　新华书店
开　　本　787 毫米×1092 毫米　1/16
印　　张　34.25
字　　数　250 千字
印　　数　2500 册
版次印次　2018 年 7 月第 1 版　2018 年 7 月第 1 次印刷
定　　价　108.00 元

为悼念孙中山逝世，北京社祭坛上下半旗。据《哀思录》

北京社祭坛灵堂之正面。据《哀思录》

北京社祭坛灵堂之右侧。据《哀思录》

北京社祭坛灵堂之左侧。据《哀思录》

北京中央公园会场。据《哀思录》

北京中央公园会场之前门。据《哀思录》

北京协和医院会场。据《哀思录》

1925年4月2日，孙中山灵柩由中央公园(今北京中山公园)社稷大殿移厝碧云寺途中，送殡者约15万人(说明文字：葛培林)。据张磊、萧润君、盛永华主编：《孙中山与宋庆龄》，广东人民出版社1997年12月版，第216页。

2008年10月24日，葛培林摄于北京香山碧云寺孙中山先生衣冠冢。

察哈尔丰镇会场。据《哀思录》

黑龙江会场。据《哀思录》

河南洛阳会场。据《哀思录》

河南豫南会场。据《哀思录》

安徽全椒会场。据《哀思录》

山东青岛各界追悼孙中山大会。据《哀思录》

安徽盱眙会场。据《哀思录》

山东青州各界追悼孙中山大会。据《哀思录》

陕西西安各界追悼孙中山大会。据《哀思录》

陕西耀县各界追悼孙中山大会。据《哀思录》

江苏南汇大团镇会场。据《哀思录》

江苏南通会场(一)。据《哀思录》

江苏苏州会场。据《哀思录》

江苏南通会场(二)。据《哀思录》

江苏宿迁会场。据《哀思录》

南京会场(一)。据《哀思录》

江苏无锡会场。据《哀思录》

南京会场(二)。据《哀思录》

上海各界追悼孙中山大会（一）。据《哀思录》

浙江余姚各界追悼孙中山大会。据《哀思录》

上海各界追悼孙中山大会（二）。《哀思录》

江西鄱阳会场。据《哀思录》

上海各界追悼孙中山大会（三）。据《哀思录》

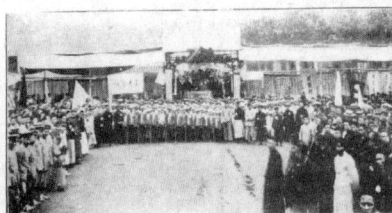
四川万县各界追悼孙中山大会。据《哀思录》

重庆各界追悼孙中山大会。据《哀思录》

湖北樊城会场。据《哀思录》

湖北应城会场。据《哀思录》

湖北宜都会场。据《哀思录》

湖南浏阳会场。据《哀思录》

广东开平会场。据《哀思录》

广州东校场会场。据《哀思录》

广东中山县(今中山市)隆镇
会场。据《哀思录》

广西贵县会场。据《哀思录》

福建福州会场。据《哀思录》

澳门会场(一)。据《哀思录》

澳门会场(二)。据《哀思录》

台湾新化追悼孙中山大会。据《哀思录》

7

台湾台中市追悼孙中山纪念摄影。据《哀思录》

三百萬臺灣剛醒同胞微先生何人領導

四十年祖國未竟事業舍我輩其誰分擔

台湾同胞挽孙中山联。据中国国民党革命委员会北京市委员会编：
《孙中山与北京》，中央文献出版社 2006 年 10 月版，第 108 页。

日本长崎追悼孙中山大会
（一）。据《哀思录》

日本东京孙中山追悼会祭坛
（一）。据《哀思录》

日本长崎追悼孙中山大会
（二）。据《哀思录》

日本东京头山翁祭文朗读摄
影（二）。据《哀思录》

日本东京追吊谈话会,犬养氏
之谈话的摄影（三）。据《哀思录》

日本中华会馆举行孙中山
追悼会所设的灵堂。据《移情
阁》第10页，日本孙中山纪念
馆发行，昭和60年（1985年）11
月10日。

9

越南太平埠华侨追悼孙中山大会。据《哀思录》

安南(越南)会安埠会场(一)。据《哀思录》

安南会安埠会场(二)。据《哀思录》

暹罗(泰国)抱杰省追悼孙中山大会。据《哀思录》

印度尼西亚孟加锡埠华侨追悼孙中山大
会。据《哀思录》

爪哇(今属印度尼西亚)炽浦
埠华侨追悼孙中山大会。据《哀思
录》

南洋北婆罗洲山打根埠（今
属印度尼西亚)会场(一)。据《哀
思录》

万隆追悼孙中山大会摄影。
据《哀思录》

南洋北婆罗洲山打根埠会
场(二)。据《哀思录》

东婆罗洲古达马路埠（今属印度尼西亚）全体华侨追悼孙中山大会。据《哀思录》

吧城（今属印度尼西亚）五十三团体追悼孙中山大会摄影。据《哀思录》

三宝颜（今属菲律宾）各界追悼孙中山大会。据《哀思录》

咙吗倪地埠（今属菲律宾）会场。据《哀思录》

美国纽约会场(一)。据《哀思录》

美国纽约会场(二)。据《哀思录》

中国国民党驻三藩市(美国旧金山)总支部
所属部处代表团在会场摄影。据《哀思录》

英国伦敦追悼孙中山大会。据《哀思录》

古巴中华会馆追悼孙中山大会摄影（一）。据《哀思录》

国民党古巴总支部吊奠孙中山灵前之摄影。据《哀思录》

古巴中华会馆追悼孙公中山大会摄影（二）。据《哀思录》

国民党古巴啥咕埠分部追悼孙中山纪念大会。据《哀思录》

墨西哥总支部会场。据《哀思录》

墨西哥故利亚根会场。据《哀思录》

目 录

国内

个人

1

王人驹(13)　王作新(20)　王超凡(27)
王九龄(13)　王岐范(21)　王源瀚(28)
王乃模(13)　王秀南(21)　王猷壮(28)
王士钧(14)　王希闵(21)　王毓昆(28)
王文豹(14)　王昌龄(21)　王醒华(28)
王文轩(14)　王承汤(22)　王镇淮(29)
王文伯(14)　王枚生(22)　王镇群(29)
王化佛(15)　王宗尧(22)　王蹈义(29)
王天培(15)　王和畅(22)　王懋麟(29)
王丕升(15)　王绍庠(22)　王绍汉等(30)
王正廷(15)　王绍铨(23)　王伯堃等(30)
王世弼(16)　王宪之(23)　王海镜等(30)
王世霖(16)　王冠华(23)　王葆贞等(30)
王乐平(16)　王柏杰(23)　王慎独等(31)
王永泉(17)　王奎元(23)　毛啸吟(31)
王永福(17)　王桂林(24)　毛经畴等(31)
王安禄(17)　王家襄(24)　井岳秀(31)
王用宾(17)　王振东(24)　计国用(32)
王兆龙(18)　王振钧(24)　韦青云(32)
王朴山(18)　王继兴(25)　韦琼莹(32)
王危舟(18)　王惟英(25)　韦哲文(32)
王传藻(19)　王清渭(25)　方璧(33)
王芝祥(19)　王鸿寿(25)　方潜(33)
王廷桢(19)　王鸿恩(25)　方文枢(33)
王廷弼(19)　王葆真(26)　方本仁(33)
王廷钧(20)　王维藩(26)　方希申(34)
王刚军(20)　王景春(27)　方宗鳌(34)
王克仁(20)　王鼎洛(27)　方瑞麟(34)

孙道毅(79)

孙纶襄(80)

孙钱素君(80)

刘庄(80)

刘邠(80)

刘英(80)

刘琬(81)

刘健(81)

刘乃宇(81)

刘子诚(81)

刘子裕(82)

刘文贞(82)

刘文辉(82)

刘文翰(83)

刘士奇(83)

刘中柱(83)

刘英士(83)

刘汉文(84)

刘自切(84)

刘庆长(84)

刘伟才(84)

刘培仁(85)

刘培寿(85)

刘荣长(85)

刘观泗(85)

刘绍先(85)

刘治洲(86)

刘承烈(86)

刘国增(86)

刘泽民(86)

刘尚敬(87)

刘冠三(87)

刘冠雄(87)

刘树梅(88)

刘秉玫(88)

刘铨法(88)

刘冕执(88)

刘景荣(89)

刘景晨(89)

刘燕泉(89)

刘清波(89)

刘侯武(89)

刘揆一(90)

刘笃西(90)

刘廷芳(91)

刘廷森(91)

刘汝贤(91)

刘佐成(92)

刘传绵(92)

刘映奎(92)

刘继勋(92)

刘郁芬(92)

刘镇华(93)

刘盥训(93)

刘趞蔚(94)

刘子敏等(94)

刘兆风等(94)

光云锦(94)

米振标(94)

华泽钧(95)

华维岳(95)

过之庄(95)

过之输(96)

师吉(96)

毕空海(96)

权量(96)

汤子模(97)

汤西台(97)

汤铁樵(97)

邬志豪(97)

七画

李良(98)

李钠(98)

李鉴(98)

李基(98)

李铠(99)

李辉(99)

李澄(99)

李蟠(99)

李良等(100)

李衡(100)

李芳等(100)

李大钊(100)

14

团体

北京

北京铁狮子胡同行辕灵堂悬挂(321)

北京中央公园悬挂(322)

北京碧云寺孙中山灵堂前悬挂(322)

北京大学全体教职员工和学生(322)

清华学校全体同人(323)

中法大学(323)

中法大学全体教职员学生(323)

民党北京特别市市党部全体(323)

北京医科大学(323)

北大教职员学生全体(324)

国立北京女子师范大学(324)

北大台湾学生会(324)

北京师大美术学会(324)

法专十一班全体学生(324)

北京法政大学经本十一班学生(325)

京师公立第一女子中学校全体(325)

慈幼院女校全体学生(325)

北京崇实学校全体(325)

北京崇实中学校职教员全体(325)

国立北京法政大学全体学生(326)

国立北京法政大学政豫二班学生(326)

国立北京法大政本三班学生(326)

国立北京法大法律系第十班全体学生(326)

国立北京法政大学法本十一班学生(326)

国立北京法大法本十二班全体学生(327)

法大校友会同志(327)

国立北京师范大学全体(327)

北京师大四川同学会(327)

北京师大数学研究科学生全体(327)

北京郁文大学学生会(328)

北京商业学校暨附设平民学校(328)

17

22

23

吴江

吴江县党部暨各区党部(383)

吴江第一区党部(383)

吴江第四区党部(383)

吴江第七区党部(384)

吴江第八区党部(384)

吴江第一区第一分部(384)

吴江第三区第一分部(384)

吴江第四区第一分部(384)

吴江第四区第二分部(385)

吴江第四区第三分部(385)

吴江第五区第一、二、三分部
  (385)

吴江第六区第一分部(385)

吴江第九区第一分部(385)

吴江县代用平梅女子小学校
  (386)

新南社(386)

吴江城区市民公社(386)

盛泽国民会议促成会(386)

盛泽平民教育促进会平民图
  书馆(386)

新黎里报社(387)

震泽中医学会(387)

震泽医院(387)

丹阳

丹阳县立第二小学(388)

丹阳县立第三小学校(388)

丹阳市立一校(388)

城西平民学校(388)

正则女校师范预科同人(388)

丹阳师范同志会(389)

城厢市立三校童子军五团
  (389)

丹阳县农会(389)

丹阳民立医院(389)

常熟

常熟私立孝友学校初中甲一
  年生全体(390)

常熟私立孝友学校高小部乙
  二年生全体(390)

常熟私立孝友学校高小部甲
  二年生全体(390)

青浦

青浦旧同盟会会员全体(390)

青浦公立第一小学校(391)

青浦城厢市立第一初级小学
  (391)

青浦市立第七初级小学(391)

青浦北凤天方铁乡立第一小
  学校(391)

青浦县议事会(392)

26

27

黑龙江女子师范附属高小全
　　体学生(424)
黑龙江省立女子中学校全体
　　学生(425)
黑龙江省立女子中学三年级
　　全体学生(425)
黑龙江省立女子中学初中一
　　年级学生(425)
黑龙江省立女子中学附属小
　　学全体学生(425)
东三省国民党(425)
笑生社(426)

安徽安庆
安徽省议会(426)

芜湖
芜湖萃德中学校全体学生
　　(426)

阜阳
阜阳东北镇第二高级小学校
　　全体(427)
阜阳刘氏私立小学校全体
　　(427)
阜阳南二镇第三小学(427)
阜阳苦儿工业院(427)
阜阳商会会长王世簪、宁文

彬及全体会员(428)
阜阳政论会(428)

蚌埠
育秀女学校全体(428)
总商会(428)

歙县
歙县县立第一高小职教员全体
　　(429)
歙县县立女高全体学生(429)

南陵
南陵县教育会(429)
圣公会乐育学校(430)

江西
江西省自治同志会(430)
萍矿学校(430)
萍矿学校高三年级学生(430)
萍矿学校高等一年级全体
　　(431)
萍矿学校四年级学生全体(431)
萍矿学校初三年级学生全体
　　(431)
萍矿学校初二年级学生全体
　　(431)
萍矿端本女校(431)

32

国内

个人

———————— 二画 ————————

丁长发

倡自由,倡共和,倡社会,倡三民五权党纲,莫谓国无人,
声应气求遍环海;

排异族,排帝党,排军阀,排一切不平待遇,方期鲁有豸,
风潇雨晦暗都城。

察东镇守使兼察哈尔骑兵第二旅旅长　丁长发

丁长发,曾任察东镇守使兼察哈尔骑兵第二旅旅长等职。1922年,
率部参与第一次直奉战争,任讨奉独立骑兵副指挥。

丁文安

覆专制,创共和,饮水思源,亿兆同胞齐下泪;
抗强权,争平等,扶危植弱,寰球领袖允推公。

丁汝晟

是知识界木铎警钟,主义唱三民,唤回多少国魂精诚,磅
礴弥东亚;

永作共和神圣英灵,赫濯护中华,为历史上凤毛麟角,勋
名垂万古。

丁兆熊

先兄奉夫子命,救国捐躯,犹有余痛;
不佞愿吾党人,乘时努力,莫忘遗言。

安徽　丁兆熊

丁有统

降大任于斯人,天命有德,天讨有罪;
作此民之先觉,其生也荣,其死也哀。

丁惟汾

追随垂廿余年,愧无涓滴补沧海;
服膺临终遗训,勉竭驽骀收桑榆。

丁惟汾(1874—1954),山东日照人。1924年当选为国民党中央执
行委员。历任国民党北京办事处主任、国民党中央政治会议委员、国民
党"监察院"副院长等职。

丁春膏

改造旧山河,卅载呼号除帝制;
发挥新事业,半生奔走为民权。

丁春膏,字雨生,贵州织金人。曾任察哈尔省兴和道道尹、西北边防督办署政务处处长、四川区税务局局长等职。

丁越鸿

三千里扶病农东,方期一展鸿猷,挽回劫运;

四十年革命救国,岂料未偿夙志,遽返仙轮。

丁象谦

创共和,废帝制,知难行易,较尧舜禹汤文武周公孔子诸圣为高明,上下五千年,前无古人,后无来者;

主平等,争自由,救国导民,为英美日法比荷德意苏俄各邦所敬畏,纵横九万里,其生也荣,其死也哀。

参议院议员大本营参议　丁象谦

丁象谦(1875—1956),安徽阜阳人。1917年任广州大元帅府参议。后任国民党安徽省主盟人。1928年任国民党安徽省党部监察委员。1930年任国民党党史史料编纂委员会纂修。

九峰樵苏

立之斯立,绥之使来,动之使和,其生荣其死哀,吾无间然矣;

博厚配地,高明配天,悠久无物,不二不生不测,民无能名焉。

无锡　九峰樵苏

于右任

　　总四十年胼手胝足之功，直是为天地立心，为生民立命，历史中揖让征诛举成尘土；

　　流九万里志士老民之泪，应知其生也有自，其来也有因，瞑目后精神肝胆犹照人寰。

于泽润

天之方蹶民憔悴，

公不少留我涕滂。

于雪映

天地不成春，哀泪滴残红杏雨；

河山寻净土，英魂犹恋紫金山。

于雪映挽于北京女子师范

于景炘

只手造共和，有史以来推首出；

万方正多难，胡天不吊丧元勋。

于树德

牺牲精神,牺牲身体,不牺牲主义,三民五权垂为遗训;
打倒帝制,打倒军阀,并打倒列强,继志述事责在吾徒。

　　于树德(1894—1982),河北省静海县(今属天津)人。1924年和1926年当选为国民党一大、二大中央执行委员。抗战后期任中国工业合作协会副总干事。抗战胜利后任国民党政府监察院监察委员。中华人民共和国成立后,曾任中央合作事业管理局副局长。

于钟岱

天陨大星,四百兆同胞齐声一哭;
手创民国,五千年历史亘古重新。

山东　于钟岱

卫定一

（一）

先生忍弃人间,正豪强掠夺群生,吮血磨牙,反抗未完阶级战;
后死徒瞻天上,剩弱小支离诸国,推心疾首,苍凉齐悼共和魂。

（二）

为斯民生,为斯民死;
失全国父,失全国师。

　　卫定一,陕西人。曾任陕西陆军第五混成旅旅长。1928年3月任国民革命军第十二军军长和军事委员会委员。

马元杰

是甘为主义牺牲，终不牺牲主义；
虽未能精神改革，永存改革精神。

善后会议专门委员河南总商会副会长　马元杰

马廷燮

生而为英，死而为灵，大名千古，先生不朽；
民失所怙，国失所恃，旷代一人，薄海同悲。

胶济铁路车务总段长　马廷燮

马饮冰

国父殂落，举国震悼。南京为开府旧地，固宜改紫金山为中山，石头城为中山城，秀山公园为中山公园，永留纪念。爰撰斯联，用促其成。

山名中山，城名中山，园名中山，中山不朽；
心系民国，言系民国，行系民国，民国长存。

马超俊

十年崇事，累月侍从，一旦失瞻依，耿耿寸心何所寄；
万夤含悲，众生憔悴，千秋供想象，泱泱主义系人思。

马超俊(1886—1977)，号星樵。广东台山人。参与二次革命、护法运动。1927年后历任劳工局局长、广东省农工厅长、南京市市长、农工部部长等职。

马叙伦

革命虽未成功,赖有化身遍世界;
吾侪自应努力,毋徒挥泪哭先生。

马叙伦(1884—1970),字彝初,又作夷初,号寒香、石屋老人。曾任北洋政府和国民党政府教育部次长。中华人民共和国成立后,历任中央人民政府委员、教育部部长、高教部部长、全国政协副主席、中国民主促进会中央主席。

马福祥

是创造共和伟人,百折不回,大勋未集身先死;
正提倡真确民意,一朝溘逝,浩气上腾天为低。

西北边防会办 马福祥

马福祥(1876—1932),甘肃导河(今临夏)人。1913年任宁夏护军使。1921年任绥远都统。1924年第二次直奉战争爆发,任绥区防务总司令。1928年投靠蒋介石,曾任国民党政府军事委员会委员、青岛特别市市长、蒙藏委员会委员长等职。

马振宪

生从自天来降,此说曾闻白喇嘛;
死契共和魂去,他年空吊紫金山。

马德润

　　廿年前,主义倾谈,只地权一说,煞费筹商,尘海感沧桑,念我公心力全枯,手定乾坤犹未了;

　　两遗嘱,临终付托,知天上有灵,必为呵护,江山余碧血,料此后精神不死,光争日月亦长生。

　　马德润,字海饶,湖北枣阳人。1911 年,任全国第一届县知事考试主试委员。1912 年 8 月,任北京政府司法部参事。后任平政院庭长、修订法律馆总裁等职。

马鹤天

　　先生不灭之精神,提倡三民主义,创论五权宪法;
　　后死应负的责任,完成革命事业,恢复国家独立。

马式龙等

　　想当年革命成功,种族得以自由,人民得以平等;
　　痛今朝先生去世,烟云为之变幻,日月为之无光。

江西　马式龙、马式驹

马翰药等

　　时势造英雄,公真英雄造时势;
　　先生哭民国,我为民国哭先生。

阜阳　马翰药、汝昌言

门炳岳

如其仁披发在衽微,管仲殆矣;
以言爱磨项放踵利,天下得之。

暂编陆军第四师步八旅旅长　门炳岳

门炳岳(1890—1944),字湘文,河北东光人。1928 年后,曾任国民党军第十二军第一师师长、独立第十七旅旅长、第七军军长等职。1938年,任骑兵第六军暂编骑兵第一师师长,骑兵第六军军长。

万秀岳

推翻专制,创造共和,开中国五千年来未有新局;
提倡民权,改良宪法,得同胞四百兆的一致声援。

四 画

无名氏

大败一次,则精神更紧张一次,今朝体魄云亡,敢信灵魂未死;
功业千秋,其学说应传播千秋,我辈师承有志,却渐创造天才。

无名氏

四十年奔波,手创中华,奈军阀专横,强邻压迫,革命未成功,痛导师顿然萎谢;

三千里噩耗,心怀内疚,叹山河破碎,邦国飘摇,同志须努力,继先哲未竟功勋。

无名氏

革命功成,与黄兴蔡锷两公死生一致;

盖棺论定,继卢骚李宁列传中外同钦。

按:"李宁"即"列宁",后同。

无名氏

爱国甚于爱身,忧劳成疾;

救民忘乎救己,义气如生。

文宗需等

八表同昏,怅遗一老;

万方多难,痛失长城。

山东　文宗需、车志城

元润田

想当年东瀛寄足,亲聆鸿猷,如何奋斗,如何建设,如何民权得发达;

叹今日西天返驾,空闻遗嘱,哭我导师,哭我领袖,哭我国难无定期。

山东　元润田

王圻

是真大手笔,一部五千年争夺相斫历史,竟能抹杀改作;

此诚良工师,整座四万里衰朽将倾楼阁,独敢拆毁重修。

北京平民大学学生　王圻

王度

空前革命无惭德,

启后民权有著书。

丹徒　王度

王超

五权三民,未酬壮志身先死;

千秋万祀,长使英雄泪满襟。

胶澳商埠工程事务所长　王超

王超(1890—1968),江苏南京人。历任马尾福州船政局造船科主任、马尾海军学校教务主任、青岛港务局局长、青岛海军学校教授、国立重庆商船专科学校教授兼教务主任。中华人民共和国成立后,任交通大学轮机系教授兼系主任。

王勃

俎豆千秋,英雄不论成败;
纵横一世,君子其事始终。

无锡　王勃

王震

汉复衣冠,公勋不朽矣;
坛临社稷,我爱而哭之。

王震(1867—1938),浙江吴兴(今湖州)人,生于上海。辛亥革命时,任上海都督府交通部长、农工商务部长,1913年在上海参与讨袁。后专事经营实业,并从事佛教和慈善事业。

王豫

圣之任者也,
民无能名焉。

国民党本部前宣传科干事　王豫

王正等

揖让征诛之间,别开创局;

六经三史而外,大有传人。

福建永春永西公学　王正、许佩璋

王人驹

行易知难,学说在傅说阳明川上;
破坏建设,功业居列宁甘地之间。

王人驹(1901—1951),字昂千。永嘉县人。教育实践家。

王九龄

廿载旧追随,溯自越南共命,缅甸传书,浩气懔前修,救国舍身心誓在;

万邦方殄瘁,何堪蓟北歌虞,金陵复土,成功期后起,倾河注海泪声来。

王九龄(1880—1951),云南云龙人。曾任云南陆军军法科长、云南财政司长等职。1924年至1925年任北洋政府教育总长(未就职),后任云南省政府委员兼盐运使。

王乃模

中外仰仪型,为亚之山斗,国之柱石,一代英雄称巨擘;
京都传噩耗,叹哲人其萎,梁木其坏,满城风雨泣先生。

西北边防督办公署航空司令　王乃模

王乃模(1889—1948),字范庭,福建闽侯人。曾任西北边防督办公署参议兼航空司令、京汉铁路管理局局长、第二十六军指挥部参谋长。抗日战争期间,曾任第二集团军参谋长。

王士钧

数十载提倡共和,事始不避谤,事成不受名,赤胆忠肝天独不鉴;
五百世笃生奇杰,可均乎国家,可辞乎爵禄,苦心孤诣古无比伦。

江西　王士钧

王文豹

只手重开尧舜天,得道多助失道寡助;
大家同爱中华国,生也何荣死也何哀。

王文豹,字绍荃。湖南长沙人。1924年11月任北洋政府司法部次长。1926年4月,任代理司法总长。

王文轩

建国道虽多,孰若三民主义五权宪法;
摧公者甚众,岂仅一点肝疾六粒胆沙。

王文伯

推翻千年专制,振导万世和平,尽瘁鞠躬死而后已;
提倡三民主义,鼓吹五权宪法,著书立说行之匪艰。

陕西耀县　王文伯

王化佛

匹夫作万世师，一言为天下法；
百姓如丧考妣，四海遏密八音。

王天培

改造五千年历史国家，与世界争先，坐言起行，天命无权让人力；
提高四百兆同胞品格，应潮流直上，前仆后继，匹夫有责在吾曹。

督办贵州军务善后事宜　王天培

王天培(1888—1927)，贵州天柱人。1924年任黔军第九师师长。1926年夏任国民革命军第十军军长。1927年后任南京国民党政府军事委员会委员、第三路军前敌总指挥。

王丕升

保障民族的领袖，
阐发人权之先锋。

王正廷

（一）

三民五权，推翻历史上数千年专制淫威，勋名聿著，主义益彰，共信公真不死；

大同博爱，肇造地球中亿万众和平幸福，宏愿未偿，普天痛悼，岂唯我哭先生。

（二）

五权立宪三民作邦,世界亦自推先觉;

八表同昏万方多难,中原从此失长城。

王正廷(1882—1961),浙江奉化人。1912年任唐绍仪内阁工商次长、参议院副议长。1917年参加护法运动,并任护法军政府外交总长、财政总长。1919年任巴黎和会全权代表,拒绝在巴黎和会上签字。1922年任外交总长兼代国务总理。1936年出任驻美国大使。

王世弼

为民族奋斗,为民权奋斗,为民生奋斗,挺身垂四十年,无愧是共和元勋,同胞先觉;

是立德不朽,是立功不朽,是立言不朽,芳声腾亿万裁,允称为亚东英杰,世界伟人。

西北边防督办公署卫队旅重炮营营长　王世弼

王世霖

济世匡时,一生有关国运;

登仙作古,万众共悼元勋。

王乐平

革命尚未成功,一息尚存敢忘遗训;

同志仍须努力,三年心丧痛失导师。

王乐平(—1930),山东诸城人。1923年,受孙中山委派筹建山东国民党组织。历任国民党山东省党部执行委员、国民党第二届候补中央执行委员。

王永泉

始东瀛承诲,继南越受携,为国致身,往事忆秋风武汉;
本民治精神,行大同主义,摧梁折木,伤心正春雨都门。

福建 王永泉

王永泉(1886—1942),天津市人。1917年后任奉军司令部副官、补充旅旅长、二十四混成旅旅长。1923年3月任福建军务督办。

王永福

功在斯民,名垂青史;
灵归大素,哀普苍生。

王安禄

创革命制共和,允矣勋名满天下;
得自由享幸福,灿然功业在人间。

暂编陆军第三师步兵第九团第三营营长 王安禄

王用宾

五千年帝制推翻,顿使中华恢复,确立民权,大破坏、大建设,东西朔南,无不思服;

四十载自强不息,但求主义昌明,羞争名位,亦揖让、亦征诛,尧舜禹汤,合为一人。

王用宾(1881—1944),山西猗氏(今属临猗)人。1922年任国民党山西支部筹备处长,后代行河南省长职务。1928年任国民党北平政治分会秘书长。1930年后,历任立法院法制、考试院考选委员会委员长、司法行政部部长等职。

王兆龙

生前与俄列宁印伯克鼎足而三,革命垂册有余年,莽莽乾坤流浩气;

死后偕拿破仑华盛顿英魂为伍,入都才七十二日,哀哀吾党失元勋。

王朴山

除专制,建共和,开中国五千年历史之新元,三民五权更树嘉猷,行易知难独抒伟论,默数往杰时贤,孰与先生能比烈;

重大同,崇博爱,视神州四百兆人民如赤子,青天白日长留汉帜,热血雄心竟沉燕市,太息山颓木坏,岂为吾党哭其私。

重庆　王朴山

王危舟

昔曾于短期内改造共和,宁知大道多歧俟清无寿;

今可谓全国中如丧考妣,足见众心不死继起有人。

四川　王危舟

18

王传藻

主三民创五权,未观厥成,知先生谅有遗恨;
造共和去专制,贯彻斯旨,赖后贤善竟其功。

无锡　王传藻

王芝祥

造中国共和,山海梯航,数十年备尝艰苦;
为斯民先觉,风云变幻,亿万众咸寄哀思。

王芝祥(1858—1930),北京通县人。辛亥革命后任广西副都督。1912年任统一共和党干事。1924年起任侨务局总裁、红十字中华总会会长,曾从事救济事业。

王廷桢

一笑凌云,大业垂成徂中道;
四方多故,群贤继起竟全功。

王廷桢,天津人。曾任江苏江宁镇守使、察哈尔都统。

王廷弼

奋斗四十年,叹摩西未到迦南,继起孰为约述亚;
积威五千载,赖我公推翻帝制,厥功不让瓦升吞。

察哈尔都统暑审判处处长　王廷弼

王廷弼(1887—),字湛尘,河南武陟人。1917 年 12 月,任北京政府全国烟酒行政评议会员。1922 年,第二次恢复国会时,再任众议院议员。1925 年 2 月,署察哈尔审判处处长。

王廷钧

专制推翻,一身成败开国运;
共和肇造,他日思仇哭元勋。

王刚军

不贪富贵,不慕荣利,唯国民革命为终身事业;
为爱同胞,为造幸福,以民族解放是一生目的。

陕西　王刚军

王克仁

打倒四千载帝王,缔造共和,笑古今豪杰圣贤,无非是皇恩雨露;
奋斗十三年军阀,励精图治,看中外名人大儒,谁不仰高节风云。

王克仁,字镜如,贵阳人。历任国立成都高等师范学校教务长、无锡中学校长、中国国民党中央党部训练部党义教育科主任、留日学生监督。

王作新

为中国铲除五千年专制恶习,
对人民恢复四百兆同胞自由。

王岐范

　　四十年艰难缔造,共和方在萌芽,天胡不吊萎我哲人,海内同声哭先生;

　　东西洋侵略政策,压迫于今愈烈,众其猛醒肩兹大任,一心连起御强权。

王秀南

　　先生须再来,莫谓名义开宗,便可撒手;

　　斯世尚未觉,倘逢神奸巨盗,伏谁诛心。

山东　王秀南

王希闵

　　先天下而忧,到死犹能寒贼胆;

　　问人间何世,此生端为救民瘼。

王昌龄

(一)

　　手创民国,允为元勋,行看铜像巍峨,英雄不死;

　　力倡大同,未竟厥志,从仰丰碑纪念,日月常明。

(二)

　　呜呼,先生已死,然英灵如日月之永光,似山川之不朽,终佑吾辈;

　　吁嘻,吾辈犹生,当努力驱国贼于净尽,置军阀于灭亡,以慰先生。

山东　王昌龄

王承汤

处专制积威之下，犹能打破迷津，树国树人兼树己；
当列强压迫之秋，唯有更张政局，言民言宪并言权。

贵州　王承汤

王枚生

毁誉亦何常，功首罪魁，毕竟自有公论；
成败不必计，热心毅力，到底无愧伟人。

山东　王枚生

王宗尧

天殒元勋为国恸，
民须努力继公哀。

王和畅

前年在粤政府，先生曾教数万言，言犹在耳；
今日驻京行辕，后死只领一个忠，忠岂忘心。

王绍庠

行大道以冀大同，天不假年功亏一篑；
宣统治而谋统一，心存救国各已千秋。

吴江　王绍庠

王绍铨

只手造共和,盖世勋名垂不朽;

伤心读遗嘱,中原鼎沸恨何穷。

王宪之

先生与世长辞,

天下同声一哭。

王冠华

帅府昔从戎,记曾沪上欢迎,历千山万水程途,大业未成身先死;

神京方会议,所望党中继起,抱三民五权主义,遗型犹在气如生。

建国军第四军第一路副司令调任第三路总指挥 王冠华

王柏杰

反满清,反洪宪,反对帝国主义,三千载专制余氛,凭此破坏精神一扫尽净;

创学说,创政党,创造中华民国,四十年革命伟业,留得空前人格万事昭垂。

王奎元

是廿纪后真正英雄,磨铁成针,死向民间走去;

做全球上伟大事业,抟沙就范,生怕寿限迫来。

察哈尔陆军骑兵第二旅第三团团长 王奎元

王桂林

只手造共和，五千年政体更新，能教华夏开明，英灵不死；
终身谋国是，七万里版图生色，忍见江天黯淡，花木同凄。

南京　王桂林

王桂林，字悦山。浙江东阳人。1924年任北京政府将军府雍威将军。1925年2月为善后会议会员。

王家襄

抱定主义，以演进生存，心口如一；
网罗英俊，而竭其死力，肝胆殊人。

王家襄（1871—1928），浙江绍兴人。辛亥革命以后当选为中央临时参议院议员、第一届国会参议员，任进步党党务部长。1913年冬继任参议院议长兼国会宪法会议议长。1915年出任河南中福矿务督办。

王振东

人存则政举，数千载帝王专制推翻一手；
身死知心恫，四十年辛苦经营未竟全功。

吴江　王振东

王振钧

卅载牺牲，涤荡乾坤开伟业；
群藩跋扈，研磨出剑挽狂澜。

王继兴

手创共和,万年基业;
缔造民国,千古斯人。

青岛律师公会长　王继兴

王惟英

壮志未酬,金躯先坏,天下英雄共洒一滴同情泪;
奸枭犹在,国难方殷,世间豪杰应争古今不朽名。

王清渭

光明昭日月,志气壮风雷,保障人群,功德与乾坤不朽;
政教胜儒回,爱慈媲耶佛,钦崇主义,尊亲征世界大同。

王鸿寿

大厦遽倾,合全国同声一哭;
遗言犹在,愿吾当努力三民。

王鸿恩

护数万里神州故物,铲五千年帝制淫威,前仆后继,终底
于成,际兹建设方殷,遍国中非公莫属;

竭三十年革命英诚,造四亿兆共和幸福,除旧布新,一发莫遏,竟遘沉疴不起,痛先生与世长辞。

第二十二混成旅旅长　王鸿恩

王鸿恩,1924年10月任陆军第二十二混成旅旅长等职。1927年4月任国民革命军第二集团军第三十七军军长。

王葆真

打破几千年政治思想,三民五权宪典,大纲垂宇宙;
开放亿万众人类光明,青天白日灵辉,终古照人寰。

王葆真(1889—1977),字卓山。河北深泽人。曾任为众议院议员、护法国会众议院议员、国民政府立法院立法委员、中国国民党革命委员中央委员会常务委员。中华人民共和国成立后,历任政务院政法委员会委员、中国国民党革命委员会中央委员等职。

王维藩

守共盟,造共和,倾向共产,若天假以年,功业当能共进;
倡民治,伸民权,注重民生,唯公真不朽,爱戴常在民间。

王维藩,字蕴青。河北清苑人。1925年1月,署察哈尔教育厅厅长。后任北京师范学校校长。1928年11月,任国民政府内政部禁烟委员会秘书长。1930年2月,任内政部禁烟委员会委员兼总务处处长。

王景春

赤手灭专制,原望地久天长,达到三民主义,五权宪法;
廿心造共和,距料山颓木坏,仅留一生精魄,万世型模。

王景春(1882—1956),直隶(今河北)滦县人。1912年任南京临时政府京奉铁路局副局长。1917年任京汉铁路局局长。1931年任英国退回中国庚子赔款董事会委员兼总干事。

王鼎洛

(一)
膏血润野草,肝脑涂中原,百战归来,未酬素愿;
鸷鸟噬颛民,猛兽攫老弱,先生一去,谁制群魔。

(二)
统一尚未成功,万姓呼天公竟身死;
共和首推先觉,三军雪泣我为国哀。

王鼎洛,曾任建国豫军旅长。

王超凡

辟吾华民治国基,有志竟成,四十年真如一日;
排列强帝国主义,无思不服,亿兆姓共表同情。

王超凡(1903—1965),安徽太平(今黄山市黄山区)人。历任南京中央陆军军官学校政训处中校科长、第三十二军政训处上校处长、西安绥靖公署政训处主任秘书。抗日战争爆发后,曾任中央军校第七分校(西安)部少将主任兼特别党部书记长。1945 年任第一战区司令长官部部副主任。1948 年后任西南军政长官公署部少将代主任。

王源瀚

四十年创造共和,比华盛顿不算成功,比拿破仑已得死所;
八千里来商国是,与黎黄陂仅能谋面,与段合肥竟未交谈。

　　按:"黎黄陂"指黎元洪,"段合肥"指段祺瑞。

王猷壮

义贯五权,唯智识阶级精圣劳工能称知己;
名扬八表,岂顽固社会鄙夷军阀所可同情。

长沙　王猷壮

王毓昆

建国成书,宣言垂训,九万里大地纵横,并驾惟唯华盛顿;
内忧未已,外患方滋,五千年神州破碎,独存无复鲁灵光。

山东　王毓昆

王醒华

　　被专制的汉族,在集会上,结社上,言论出版上,得着自由幸福,是先生上半部民国约法;
　　被压迫的女子,在教育上,社会上,法律经济上,享有平等权利,是吾党第一次大会宣言。

山东 王醒华

王镇淮

文化垂五千年,尧舜以来重兴民治;
英名播七万里,华拿而后此是替人。

暂编陆军第二师第四旅第八团团长 王镇淮

王镇淮,曾任西北边防骑兵教导团团长。1924 年 10 月北京政变后,任国民一军骑兵第二旅旅长,后任西北军第九军司令官。

王镇群

革命未成功,痛国父遽尔云亡,五族待澄清,万里河山谁做主;
岭峤曾效力,愧小子莫能尽瘁,三湘仍板荡,四郊风雨最关心。

上海 王镇群

王蹈义

赍志捐生,薄海同胞齐洒泪;
拯危筹策,中华志士更伤心。

王懋麟

为主义牺牲,为国民将福,足迹遍五洲,备尝苦雨惊风,一片雄心长不死;

从根本改造,从敝政革新,勋名空百世,共仰兴顽立懦,千秋遗像尚如生。

贵州 王懋麟

王绍汉等

从今丧我国四百兆主,
安得化先生千万亿身。

王绍汉、李祖荫、莫祖绅、朱英、秦文钦、蔡策

王伯堃等

本主义而奋斗,艰苦备尝四十年如一日;
以民生为归趋,痌瘝在抱两大陆无二人。

热河省党部执行委员 王伯堃、王兴国、艾清馥

王海镜等

唤五族男儿,勿令帝国主义横穿欧亚;
竭一生忠悃,要使中山政策磅礴全球。

北京大学 王海镜、王作宾

王葆贞等

打破几千年政治思想,三民五权宪典大纲垂宇宙;
开放亿万众人类光明,青天白日灵辉终古照人寰。

王葆贞、汪默芳

王慎独等

一老不憖遗,怅望燕云欲挥泪;
万方正多难,问谁沧海挽横流。

松江　王慎独、冯乃里

毛啸吟

不以流俗毁誉祸福变初衷,光明磊落一生,剖取心肝示天下;
将为全国土地人民创新局,困苦艰难到死,长留魂魄护神州。

吴江　毛啸吟

毛经畴等

以革命始,以革命终,始终不渝明厥志;
为救国生,为救国死,死生有自足千秋。

上海救火联合会　毛经畴、姚福同、穆湘瑶

井岳秀

经纬万端,牢笼八极,五百年名世挺生,手创共和高揖让;
鳌柱坤维,龙烛天表,九万里风斯在下,式凭精爽铸平成。

陕北镇守使　井岳秀

井岳秀(　—1936),陕西蒲城人。曾任国民党政府军陆军第八十六师中将师长。

计国用

愈失败愈奋斗,到底牺牲,盖世功名倡革命;
能破坏能建设,开山鼻祖,一生辛苦创共和。

韦青云

中国民众,世界民众,平等自由,犹在盗阀与帝国主义者掌握,公何恝然竟去;
亚东革命,全球革命,背水列阵,正待先生率数十万同志死战,天胡遽尔招魂。

韦琼莹

张民权矢志在平等,为中华为黄种;
起革命救民于水火,时汤武是列宁。

韦哲文

种族革命告成功,政治革命未成功,奔走十年与虎狼共争,方望河山重整,何期燕境沉星,君志未酬人亦苦;
清廷淫威已敛迹,列强淫威不敛迹,切瞻五族继先生后起,力维砥柱中流,勿使同胞涂炭,国魂不死我才休。

湖北 韦哲文

32

方璧

有尧舜揖让,有汤武征诛,有孔孟学说,立德立功立言,是谓三不朽;

哭吾党导师,哭中华救主,哭环球伟人,为民为国为世,岂仅五族悲。

方璧(1867—1940),字韬舟。安徽定远人。曾任军统、皖省第五师补充旅旅长。曾参加讨袁、护法、北伐诸役。抗日战争爆发后,任凤阳、定远别动队司令。

方潜

以三民五权为建国大纲,四十年惨淡经营,恨功业未成,身先作古;

留青天白日示革命特帜,廿余载追随奔走,痛哲人云萎,后死何堪。

中国国民党党员众议院议员　方潜

方文枢

勋名垂宇宙,
道德冠古今。

方本仁

海内失人豪,旷代勋名拼热血;

浔阳传噩耗,大江日夜咽寒潮。

方本仁(1880—1951),字耀亭。湖北黄冈人。1917 年任赣西镇守使。1922 年 10 月任赣南镇守使。1925 年后,曾任江西宣抚使、国民革命军第十一军军长、湖北省政府代主席、民政厅长、东北政务委员会委员、军事参议院上将参议等职。

方希中

首除帝制,再造共和,还我旧河山,数十年有志竟成,青史中无双勋业;

痛染沉疴,遽辞斯世,大名垂宇宙,四亿民国声太息,黄种内少一英雄。

方宗鳌

是思想家,是实行家,微先生焉有民国;

为创造者,为保护者,痛吾辈竟失师宗。

方宗鳌(1885—),字少峰,广东普宁人。曾任北京私立中国大学教务长及商学系主任,私立朝阳大学、国立北平大学法学部教授。

方瑞麟

创三民立五宪,一生奋斗为国为民为主义,历四十年心力辛劳,大功未集公何忍逝;

倒专制抗强权,几番追随讨满讨袁讨军阀,讵百余日疾病缠绵,屡治莫痊我实怆怀。

方瑞麟(1881—1949)，字少麟。广东普宁人。民国成立后，曾任南洋群岛宣慰大使、中国国民党广东省党部各届监察委员、广东治河委员会潮梅分会主任。

方震甲

公之精神，尽殉民族；
我为国是，来哭先生。

方殿甲

为主义奋斗，任个人牺牲，易箦未曾忘，顾念同仇守遗嘱；
是自由前锋，膺平等使命，盖棺方定论，纵观寰宇属先知。

鄂军混成旅步兵第二团团长　方殿甲

方鼎英

同志者哀之，异趣者哀之，乃至交通各国莫不哀之，沉沉大陆独有千秋，翻幸先生得死所；

制定乎未也，功成乎未也，即求喘息粗安亦犹未也，梦梦彼苍不遗一老，吁嗟后死何生为。

上海　方鼎英

方鼎英(1888—1976)，湖南新化人。曾任黄埔军校入伍生部长、代理教育长、代理校长。抗日战争初期，任第九战区战地党政委员会副主任委员。中华人民共和国成立后，历任人民解放军第四野战军顾问、湖南省人民政府委员、省人民委员会参事室主任、省政协副主席、民革中央委员、民革湖南省委主任委员。

孔庚

　　卅余年心力劳公，海可枯石可烂，志不可移，英雄倒，肝胆焦，时叮咛，遗嘱弥留，事业待完医国愿；
　　一万里云天隔我，疾未侍殁未亲，绋嗟未执，涕泪溅，杏花红，处太息，元勋易老，乾坤再觅替人难。

　　孔庚（1872—1950），湖北省浠水人。民国初年曾任山西陆军第一师师长等职。1921年在广州任大本营参议。1927年任国民党湖北省党部改组委员会常委。抗日战争时期曾任国民参政会参政员。

孔庆宗

观破五千年青史，解脱神权君权，真理已大明，所惜强梁不悟；
唤醒四百兆黄人，共进民事国事，全功虽未竟，须知学说终昌。

孔昭晟

卅年来排满兴中记曾庆策群勋，旄钺盛陈北极阁；
百世下追今迹古问到珍藏遗蜕，香花丛绕紫金山。

孔祥熙

　　唐虞汤武合冶一炉，至弥留时尤为同胞呼后起；
　　松柏茑萝忝联十载，于痛定后更从群众哭先生。

姻愚弟　孔祥熙

孔紧杏

推翻专制无双士，
创造共和第一人。

邓天一

四十载心血半枯，未竟大功痛长逝；
亿万人声泪俱下，誓遵遗训慰英灵。

邓世馨

救众生力挽孽海狂澜，慈航普度，终以吾人为念；
苦同胞欲出冤狱黑暗，彼岸齐登，永记先生遗言。

邓光禹

富贵不淫，贫贱不移，威武不屈，四十载奋斗牺牲，铲专制
缔共和护约法，功属国父；

哲人其萎，梁木其坏，泰山其颓，廿二省流离颠沛，救生灵
张民权除大盗，责在阿谁。

南京　邓光禹

邓其洽

三民主义有如日月经天，臭味何曾含赤化；

一老犇遗偏值龙蛇厄运,云霓谁复慰苍生。

阜阳　邓其洽

邓洁民

是政治家,是学问家,是宗教家,举一代勋业精神,矧式来者;
为邦国哭,为社会哭,为人民哭,合全体父老昆季,凭吊先生。

北京国际大学校长　邓洁民

邓建中

建德立功,我公克偿所愿;
瞻山仰斗,而今不见其人。

西北边防督办公署航空副司令　邓建中

邓彦华

龙驭已难身百赎,
虎贲同下泪千行。

邓彦华偕同卫士全体官兵

邓彦华(1893—1942),字铸雄。广东三水人。1927年后,任广州市公安局长、广东省防军师长、广东省政府委员兼建设厅厅长、广东省第一行政督察专员兼保安司令、南海县县长等职。

邓家彦

四十年尽瘁鞠躬,自愿牺牲肯阿当世;

二三子攘名窃利,别有怀扼愧对先生。

邓家彦(1883—1966),字孟硕。广西桂林人。历任国民党中央常务委员、国民政府委员、国防最高委员会常务委员等职。

邓寿佶

尧舜揖让,汤武征诛,唯先生陶铸群伦,百折不回,前无古人后无来者;

英美纵横,日俄捭阖,望国民推翻劣约,一致奋起。尔也平等我也自由。

邓萃英

哲人云亡,栋折榱崩,此后有谁支大厦;

雄心不灭,海深岳峻,从今吾党守遗型。

后学 邓萃英

邓萃英(1885—1972),福建榕城(今福州)人。1912年执教于北京高等师范学校。1924年后,历任厦门大学、河南大学等校校长。

邓锡侯

把五千年专制推翻,将相王侯齐颡首;

历六十载大功斯就,满蒙回藏尽归心。

邓锡侯 (1889—1964),四川营山人。1924年曾一度任四川省长。1926年任第二十八军军长。后任军事委员会委员、四川省民政厅厅长、陆军第四十五军军长、第二十二集团军总司令等职。中华人民共和国成立后,任西南行政委员会副主席兼水利部部长、四川省副省长、民革中央委员、国防委员会委员表等职。

邓谢兰馨

赤化何说耶,先生自有千古;
金言足珍者,同志须知三民。

--- 五 画 ---

田飞雄

共和遽失导师,看此时全国含悲,遗爱无殊华盛顿;
中土久沦异族,设当日先生不出,同胞那见汉山河。

田杰生

长城已坏,国家无依,挥泪望神州,满目疮痍唯有血;
内乱方兴,外忧未弭,招魂迎北阙,寥天风雨不成春。

上海　田杰生

田铭璋

服从主义,莫忘努力勉后死;
尽瘁国事,当本良心报先生。

田茂松等

将铁血铸成国家,而今五族共和,正赖贤豪资砥柱;
按民权召集会议,此后诸般待理,那堪风度邈人寰。

暂编陆军第一师第二旅第四团团长田茂松率团部官佐

帅葆溶

建五族共和,卒能逆境成功,诚所谓英雄造时势,勋业远
过华盛顿;
抱三民主义,虽属鞠躬尽瘁,最可悲大志未全酬,世人同
悼武乡侯。

青岛检疫所主任　帅葆溶

古成章

十年前青岛陪游,伟论匡时,发挥三民犹在耳;
三月间黄垆感逝,大星陨地,不遗一老最伤心。

山东乡愚弟　古成章

白云鹗

公是斯民领袖,创兴宪制特立,政纲良谟真足式,幸薄海
人文,从兹蔚起;
我悲旷世英雄,念切弭兵情殷,救国壮志未全酬,看中原
河岳,顿觉苍凉。

耀县　白云鹗

白坚武

（1924 年 5 月 16 日）

（一）

列宁死，中山又死，世界纵横无健者；

羊城枯，脑海亦枯，精灵浩瀚自千秋。

（二）

（1924 年 5 月 18 日）

公志未成人亦苦，

天实亡我战何尤？

按：当时谣传孙中山已经去世的消息，所以白坚武才有此联。

白严龙平

是世界大英雄，创革命殊勋，三民五权，继志惟望后起；

为东亚惜人杰，慨万方多难，山颓木坏，伤心同哭先生。

宁继铭

二千年专制一旦推翻，只手定中原，再不许称帝称王称霸；

四百兆同胞从兹解放，三民伸主义，此之谓立德立功立言。

阜阳　宁继铭

宁隽光

尧舜假仁，汤武假义，师导创共和，凡事求真不务假；

日法争权,英美争利,神州先元老,何时讲让勿谈争。

乐嘉藻

任圣如伊尹,而不辅帝王,石破天惊,新民旧国空三古;
精诚似武乡,而更多同志,夜寒星落,遥祭哀思遍五洲。

乐嘉藻(1870—1941),贵州黄平人。1909 年被举为贵州谘议局议长。1913 年任天津工商品陈列所所长,兼办中国参加巴拿马国际博览会赛会事宜。

龙灵

忽见天柱折地,维倾四海,如丧考妣;
本来卑高光薄,汤武斯人,窃比唐虞。

龙灵,字国桢。四川永川人。1913 年 5 月,署四川省民政司司长。1914 年 2 月,署四川省高等审判厅厅长。1931 年 5 月,任四川高等法院院长。

龙竞

苟非革命,何以维新,几经劫后余灰,始推倒五千年帝制,改造共和,揖让如尧舜,征诛如汤武,牺牲满腔热血,化作鬼魂不死,羡先生已广布三民主义;

未至大同,焉能卸责,三复考终遗嘱,欲唤出四百兆英雄,齐来努力,尚古比黄农,近邻比欧美,洗净遍地甲兵,变成乐土复位,统一局好扩充博爱精神。

龙渊等

阅时四十年以外,手造共和,九仞已成,是天下事固大定矣;
不违八千里而来,面商国计,一筹未展,愿局中人好自为之。

龙渊、刘炳南

皮以书

革命尚未成功,痛我公音容邈渺;
同志仍须努力,望侪辈踵武速兴。

皮以书(1905—1974),女,四川南川人。1927 年后,曾任国民党中央民运会妇女科科长、陕西省党部妇女工作委员会主任委员、省妇女慰劳抗战将士会会长、省妇女"新生活运动促进会"会长等职。

包华国

五千年未有斯人也,
公一死其如苍生何。

包华国(1902—1963),四川成都人。1932 年任实业部劳工司科长。1934 年任中国驻日内瓦国际劳工局常驻代表。抗战后任第三战区政治部主任秘书、重庆市党部委员等职。

左宗彝

讲国计重民生,外攘内安,道术远愈邹孟子;
亶聪明富毅力,南征北伐,坚贞更倍武郎侯。

石鼎

国民遽失保姆,悲大江东去;
同志竟丧导师,痛皎日西沉。

合肥 石鼎

石屏等

五千年中华久苦专制,幸哲士挺生,先倡共和,后倡平等;
四十载革命未竟全功,痛孤星遽陨,人哭国父,我哭导师。

滇省党员 石屏、李伯东

石青阳

(一)
海外一家,中国一人,独唱大同弘礼运;
墨突不黔,孔席不暖,毕生革命凛羲经。

(二)
异代不同时,尧阳以还存揖让;
西风此东渐,华拿而后见英雄。

石青阳(1879—1935),四川南里人。1915年至1917年参加了护国战争和护法运动。1918年任滇黔靖国联军援陕第一路军总司令。1922年任四川讨贼军第一路军总司令兼川东边防军司令。1929年任滇康垦殖特派员。1932年任蒙藏委员会委员长。

石荣暲

改革险而全,宗旨大而正,言行质而诚,何当家国艰难不憖一老;
世界服其化,国民食其德,党人钦其义,唯公英雄气概独有千秋。

石润金

是美洲华林威一流人,其际遇则弗及也,义战未终,挥戈
雅负回天力;

有中庸智仁勇三大德,而学问足以济之,临危不乱,易箦
犹闻救国声。

丘纠生等

君子无所争,为国为民为种族;
至人原不死,在天在地在人心。

吴江　丘纠生、李伯华、沈眉若、徐任之

叶洪

只手创山河,取诸独夫公之万姓;
名言旷今古,遗嘱五族政尚三民。

叶荃

先生抱负缘无我,
华夏谁闻不哭公。

46

叶荃,云南云县人。辛亥革命时任黔军第一师师长。1916年后,任云南护法军第五军军长、云南靖国军第八军军长。1925年,被任命为国民军第三军第二师师长。

叶弼

河山开创局,中外震英名,一生险阻备尝,百折不回真俊杰;
俎豆已千秋,干戈犹满地,遗恨疮痍未复,万方多难孰澄清。

叶蓉

翻运五千年竟成,百折奇功,建国特书黄帝胤;
扬名九万里为念,六朝胜地,归魂独恋紫金山。

叶蓉(1898—1933),江西余江人。历任红十军一团政委、第一旅政委、第八十一团政委、任闽浙赣(赣东北)军区政治部主任。

叶风虎

求中国之自由平等,首倡三民五权,屡置此身于锋镝之冲,尽瘁一生,功与河山同不朽;
乘政局之革故鼎新,罔惜只身万里,欲登斯民于衽席之上,沉疴三月,形随榱栋共崩颓。

叶华鑫

布共和种子,铲专制根株,始终不渝本志;
抱三民主义,倡五权政策,古今独见斯人。

叶恭绰

(一)

一生超是非,毁誉祸福而前行,万古云霄终独往;
举世正困辱,憔悴悲哀而无告,八方风雨适安归。

(二)

人道先生未死,
我唯知己难忘。

叶恭绰(1880—1968),广东番禺人。1922年任广东政府财政部长。国民党南京政府成立后,曾任铁道部长、北京国学馆馆长。1950年后任中国文字改革委员会常委、文史馆副馆长、北京画院院长、全国政协常委。

叶纫芳

革命尚未成功,公年已尽,公愿无穷,日和平,日奋斗,弥留数十声,到死不忘救中国;
同志仍须努力,我哀愈深,我慕弥切,有主义,有方略,从游八九载,此生恨晚识荆州。

叶颂清

原中华造基,公为先觉;
读建国方略,我思其人。

叶颂清(1878—),字子布。浙江宁海人。曾任浙军第六师十一旅旅长,后升任第六师师长。1929 年任国民政府立法院军事委员会秘书。

卢鲲

倒数千年专制魔王,手创五族共和,功德岂在林肯下;
为四百兆华胄后裔,力倡三民主义,襟怀实与列宁同。

卢铸等

薄尧舜非禹汤,仅闻此言,千载有功,乃知揖让征诛皆未衷于大道;
穷天地亘终始,独行已是,一生自猎,无间同心异趣更当服其至刚。

卢铸、卢钊

卢铸(1889—),字滇生。江西南康人。1923 年 4 月,任北京政府农商部参事。1933 年后,任湖北省政府秘书长、代湖北省政府主席。1938 年 6 月被遴选为第一届国民参政会参政员。1947 年 11 月,任国民政府立法院立法委员。

卢子逸

君为中国第一人,竭全力为同胞,缔造艰难才得共和五族;
谁意平权无幸福,结兵争丧元气,虚悬志愿何时及见三民。

卢师谛

(一)

不自谋、不私怨、不任术、不好名、不苟同、不阿俗、不巧不伐不屈不挠,不以退为进,一生勋烈,只是光明真实做来,论四十年革命艰难到底成功在此;

有主义、有方略、有新思、有远识、有魄力、有精神、有义有情有勇有信,有不杀之仁,盖世规模,纯从学历志行流出,挈亿万众平民优乐那堪继起无人。

(二)

有主义,有方略,有新思,有远识,有魄力,有精神,有义有情有勇有信有杀身成仁盖世模范,纯从学历志行流出,系亿万众平民忧乐,那堪继起无人;

不身谋,不私怨,不任术,不好名,不苟同,不阿俗,不巧不伐不屈不挠不以返为进一生勋烈,只是光明真实做来,论四十年革命艰难,到底成功在此。

卢师谛(—1930),字锡卿。四川成都人。1917 年被孙中山任命为川西招讨使。1923 年任中央直辖第三军军长。后任国民政府军事委员会委员等职。

卢永祥

（一）

以主义奋斗，乃厄于年，岂仅薄海同悲，无忘今日；
唯精神不死，有利于国，太息弥留遗语，可见平生。

（二）

艰危百变，奋不顾身，此可为群萌示范；
奔走卅年，忠于谋国，今何堪海宇同悲。

苏皖宣抚使　卢永祥

卢永祥（1867—1933），山东济阳人。1924年江浙战争中任浙沪联军总司令。第二次直奉战争后任苏皖宣抚使。

卢寄生

是中华民族健者，
唯列宁勋绩似之。

湖北商科大学　卢寄生

史汉岑

辟古今政治新机，为国宣劳，与民更始；
合中外人群进化，其名副实，虽死犹生。

史绍燊等

著书垂建国之方，硕画精详，未必主张同赤化；

易箦以扰民为戒,仁言悱恻,长留遗爱在苍生。

史绍燊、钱曾禄、杨光暄

甘大文

后乐先忧,雅怀足尚;

知难行易,遗训可思。

冯百砺

对内未安,对外未攘,只留下廿五条建国大纲,难知难行,
何处问先生,极木燕台悲落日;

为民摧肝,为众尽命,竟抛撒四百兆可怜种族,谁携谁提,
同声哀国父,伤心羊石不成春。

广东 冯百砺

冯启韶

悼公之死,其名不死,其道不死;

哀我共和,其政不和,其民不和。

冯承钧

记当年负笈西欧,曾创同盟,开廿世纪革命之局;

痛此日归真上界,不慭遗老,看五大族雪涕而来。

冯承钧(1887—1946),湖北夏口(今武汉)人。曾任北京大学等校教

授。对历史地理学有深入研究,尤长于中西交通史和元史。著作有《中国南洋交通史》《西突厥史料》《马可波罗行纪》等。

冯明权

痌瘝在抱,斧柯在手,忧乐在心,如先生古今有几;
富贵不淫,贫贱不移,威武不屈,微斯人吾谁与归。

湖北公学　冯明权

冯经芳

赤手揽球图,旭日中天蹴踏蚩尤出宇宙;
金轮归上界,神光何处苍茫大地入燕云。

崇明　冯经芳

冯富康

四十年辛苦,建设五族共和,墨翟之志列宁之勇;
千万里奔波,宣传三民主义,仲尼其德释迦其仁。

华阳　冯富康

六　画

阮尚功

一息尚存,此志不容少懈;
万方多难,微公其谁与归。

阳明

争回数百年汉族主权，垂念三民犹画策；

盼到八千里朝阳捷报，掀髯一笑遽骑箕。

胶澳商埠水道局局长　阳明

邢祖荃

汤武开革命先声，以暴易暴不知非，至我公一雪斯言，是何等光明正大；

法美为共和嚆矢，执柯伐柯堪取则，恨今日尚留遗憾，未及见扫荡廓清。

阜阳　邢祖荃

邢树藩

诔词遍国中，其见信公者众，却惜多半未效微劳，致建国方针不及履行，先生宁能无遗憾；

哭声震海内，可知感人之深，只望大都能尽绵力，俾革命计划得以实现，我辈差可免疚心。

山东　邢树藩

向乃祺

继沛豪兴革后，孤行一意，重整乾坤，屈指数元勋，应伤中国失华顿；

于戎马仓皇间,陈策岁言,独谋建设,平心论功首,合配长陵祀贾生。

向乃祺,字北翔。湖南永顺人。1913年,被选为参议院议员、宪法起草委员会委员。国会解散后,任私立中国公学大学部经济科教授。1916年,第一次恢复国会时,仍任参议院议员。1922年,第二次恢复国会时,复任国会参议院议员。

向宗鼎

以只身兼唐虞揖让汤武征诛,更使亿兆人享此共和,民无能名,唯公之德;
值今日尽盗贼称兵强藩割据,忽教念一省丧兹元首,天胡不吊,其谁与归。

山东　向宗鼎

庄荫棠

负济世宏才,革故鼎新,费尽全副精神,推翻专制,事大功高称国老;
综平生政绩,至公无私,提倡三民主义,拥护共和,德隆望重是元勋。

无锡张氏作新商业小学校　庄荫棠

庄镇甲

惟先生死重于山,下愚亦解哀尼父;
恨小子生虽并世,十载无缘识范公。

山东 庄镇甲

关赓麟

历险夷成败生死而未变初衷,先觉让斯人,豪杰真能推一世;
无亲爱陌路仇敌之不可携手,中原付余子,纵横谁合母群才。

关赓麟,字颖人。广东南海人。1916 年,任北京政府财政部秘书。
1917 年后,曾任交通部路政司司长、赈捐局局长、国立北京交通大学校
长、平汉铁路管理局局长、国民政府铁道部业务司司长等职。

江涛

人谓其魔王,吾谓其豪杰,人谓其捣乱,吾谓其持平,革命
告成,法制民权为己任;
不死于南粤,而死于中央,不死于战争,而死于和会,盖棺
论定,罪魁功首付公评。

安徽 江涛

江翰

更觉良工心独苦,
长使英雄泪满襟。

江瀚(1853—1935),福建长汀人。1912 年任京师图书馆馆长。1928
年任国立京师大学代理校长、故宫博物院理事,后任理事长。

江慊

后死者之责,
先生乎何归。

江马涛

与蔡黄再造共和,最难得残局独撑,百战劬劳偏后死;
是汤武一流人物,只可惜大功未竟,九泉遗憾痛先生。

江马涛

江亢虎

成败何足论,民国开山,一生事业在革命;
荣辱谁与比,列宁踵武,天下英雄唯使君。

江亢虎(1883—1954),江西弋阳人。1920 年以中国社会党人身份列
席在莫斯科召开的共产国际第三次代表大会。1922 年 9 月在上海创办南
方大学,自任校长。1940 年任汪伪政权考试院院长。抗战胜利后被捕。

江朝宗

挽旧河山,造新世界;
名闻中外,功在国家。

江朝宗(1864—1943),安徽旌德人。1917 年 6 月以代国务总理名
义宣布解散国会。1925 年任临时参政院参政。七七事变后,曾任北平伪
治安维持会长、伪北平市长等。

江维华

商汤首革命而犹传子,问伊谁天下为公,呜呼至矣;

孟子倡民贵而尚有君,唯先生共和建国,懿欤休哉。

广东 江维华

江继章

吾同胞思之思之,既云五族一家,底事干戈犹满地;

大丈夫死耳死耳,如此蛮争蜗触,得蒙福利在何年。

江秉干

启否运转泰之机,革命勋成,唯先生可无遗憾;

准乱极思治而论,大同日近,愿多士共奋前功。

江海宗

大革命家,大政治家,大学术家,数不尽奇勋异能,何止三民五权垂万世;

为种族战,为护法战,为社会战,长恃此忠肝义胆,永随青天白日照人间。

江辅勤

志在事竟成,永为青年作模范;

邦以民为本,谁从赤县奠风波。

江王二林

六十年弹指光阴,忧患饱经皆为国;
百万众同心奋斗,牺牲弗悔愿从公。

吕复

开五千年历史未有之基,公真先觉;
遗四百兆国民浩然而去,孰继斯人。

吕复(1887—1951),河北涿鹿人。1919 年,任非常国会议员。1924
年,一度任北京政府教育部次长。其后历任广州中山大学教授、燕京大
学社会学系教授、河北省立法商学院院长。抗战爆发后去重庆,任中央
大学法学院社会学系教授。

吕瀛

卅载艰辛创五族共和,遗留我辈;
万声号泣合全国人民,追悼先生。

山东 吕瀛

吕超等

招魂天上望难穿,粤海燕尘,忆卅载存心,在摧廓强权,专
注平民苦乐;

待罪行间叹不尽,巴山蜀水,率三军遥祭,誓贯彻初志,聊撑半壁西南。

吕超、曹叔实

吕超(1890—1952),四川宜宾人,原籍湖南。1923年任孙中山广州大元帅府参军长。1926年参加北伐。1931年12月任国民党政府参军长。1945年任国民党军事参议院上将参议。1947年当选国民党中央监察委员。1949年曾策动四川国民党军起义。中华人民共和国成立后,任西南军政委员会委员。

吕大寰

革命主义炳若日星,那堪魔与道京流血方殷,何瞑目;
共和前途暗如漆黑,际此民无生气老谋未竟,惜元功。

山东 吕大寰

吕鹿鸣

四十年为同胞奋斗,从此后英雄长眠,英名不朽;
廿余载与民贼宣战,痛而今国基未固,国父先亡。

重庆 吕鹿鸣

吕来安

论民权如卢梭,谈民生如列宁,寰球遨游四十载,目空万古;
官天下比尧舜,顺天下比汤武,中华开国五千年,首推一人。

山东 吕来安

吕静斋

破天荒推翻专制,千载一时夙愿已偿,四百兆同胞共享平等幸福;
非常事未竟全功,三民五权目的虚悬,廿二省区域顿失自由保障。

上海　吕静斋

华之桐

以革命始,以革命终,微先生安有今日;
受天下谤,受天下名,证主义待看他年。

吴江　华之桐

华尚圭

(一)
革命尚未成功,茫茫中原何堪回首;
同志仍须努力,芸芸赤子能不关心。

(二)
三民五权,保此宏愿以死;
千秋万国,可称历史无双。

华均章等

是政治家,是革命家,忆昔年遵海而还,烈轰轰,推翻专制;
为英雄哭,为民国哭,问此后斯人既没,浪滔滔,谁挽狂澜。

阜阳　华均章、华锐章

朱淇

三十年香港论交,昔哭蕘云,后哭我公,回首当年惟老泪;

七二日燕京捐馆,清鼎虽移,全功未竟,莫安民国属何人。

朱淇率男祖成

朱淇(1858—1931),广东南海人。1896 年在广州创办《岭海日报》。后到青岛创办《胶州日报》。1904 年到北京创办《北京报》。1911 年 10 月武昌起义后至滦州游说张绍曾、吴禄贞两军发难,迫使清廷颁布十九信条。1915 年拒绝袁世凯重金收买,反对帝制。

朱深

纵横捭阖凤擅天才,五千年合璧重光,允推首义;

险阻艰难不渝初志,四十载枕戈待旦,前无古人。

朱深(1879—1943),字博渊,河北永清人。1925 年任京师警察总监,兼京师市政督办。1940 年后,任汪伪国民党中央执监委员、伪华北政务委员会常务委员兼政务厅厅长、汪伪华北政务委员会委员长等职。

朱熙

世道正艰屯,斯人未尽千秋业;

大名垂宇宙,主义长留万众心。

南京 朱熙

朱熙,湖南汉寿县人。辛亥革命爆发后,任江苏苏常镇守使、江苏第二师师长。

朱之洪

(一)

一身多病,奉命西还,国民会议未开,虽曰有他亦吾党宣传无状;

万里招魂,空悲北上,先生精神不死,愿言继起视国人努力如何。

(二)

至大至刚,历万古而精神不死;

先知先觉,惜一时之继起无人。

朱之洪(1871—1950),字叔痴。四川巴县人。1924 年 1 月,任国民党第一次全国代表大会代表。1925 年春,奉派为国民党四川临时省党部执行委员,并兼任组织部部长。1938 年 7 月,当选为第一届国民参政会参政员。1940 年 12 月、1942 年 7 月和 1945 年 4 月,连任第二、三、四届国民参政会参政员。

朱今雨

浩气还太虚,精唁照千古;

生平未了事,留与后人补。

朱正华

主义无恙,先生逝矣;

革命未成,吾辈肩之。

重庆　朱正华

朱庆澜

谋世界大同,在诸贤豪中,无愧于学者;

论始终一辙,有安天下量,而未竟其功。

朱庆澜(1874—1941),浙江绍兴人。曾任广东省省长、东北赈务委员会委员长。1936年任国民党政府赈务委员会委员长。

朱学文

六十龄瑰琦,自负抱救世宏愿,卒成建国伟人,始终百折不回,一息仅存犹呼奋斗;

廿八载鞭镫,相随历瀛海风波,屡遭世途坎壈,遗留三民五权,千秋而降永依典型。

朱和中

匹夫而跻帝王之尊,偏薄帝王而不为,倡平等争自由殚毕生精力,为国为民,直使尧禅舜让都成刍狗;

一身而系天下之望,竟弃天下而长逝,先觉亡导师失合举世群伦,如怨如慕,遂令欧风美雨尽化啼鹃。

朱和中(1881—1940),字子英。湖北建始人。1923年4月4日任陆海军大元帅大本营高级参谋,旋任广东兵工厂厂长。1924年4月任大本营秘书。11月随孙中山北上,任德文秘书。1930年任立法院立法委员。

朱培德

革除数千载君权,成功不居,高蹈远追华盛顿;
奠定四万里民国,方略豫定,艰难应胜旧公刘。

朱培德(1889—1937),云南盐兴人。1922 年春随孙中山北伐,任中路前敌总指挥。1924 年春,任建国第一军军长。1925 年后,任国民政府委员、军委会委员兼军事部部长及国民革命军第三军军长、国民党第二届中央执行委员、江西省政府主席等职。

朱培德等

作君作师,天生之独胡夺之速;
造党造国,人忌其能终佩其诚。

朱培德、杨筹、胡明扬、姚敏、范石生、伍毓瑞、欧阳琳、杨赓笙

朱镜清

布衣杀尽帝王威,劈专制造共和,问五千年历史光荣,谁如夫子;
铁血事须吾党任,振精神争主义,愿四百兆同胞奋斗,想象先生。

安徽　朱镜清

朱馨斋

属遗躯保存,方期真容留百世;
为革命奋斗,应将主义寿千秋。

山东　朱馨斋

朱羲胄

革命主义尚未成功,公胡撒手;
近世人物无与媲美,我为怆怀。

朱霁青

万言万语写不出真个先生,只有痛哭;
一珠一泪洒遍了大千世界,莫慰英灵。

朱霁青(1882—1955),奉天广宁(今辽宁北镇)人。1915年,组织中华革命军东北军,讨伐袁世凯。1926年被选为国民党候补中央执行委员。九一八事变后参加抗日。

朱丕丞等

挥戈起革命,专制推翻,共和告成,勋名偕天地不朽;
放眼览中原,妖氛未尽,狼烟尚炽,遗恨亘万古长留。

湖南辰旧国民党　朱丕丞、杨海珊、刘祥武

朱保邦等

只手造民邦,从今万里江山,无复称孤道寡;
一身归大化,顿使六洲风雨,遍横惨雾愁云。

山东　朱保邦、张缙廷、夏普凤、姚家馨、萧卫国、徐植仁

任峄

言革命虽汤武不足拟，
论主义即孔孟何以加。

任瀛

英雄岂论一时成败，有大多幸福必有多大牺牲，浩气浑太
虚，身可死，而心不可死；

影响殊关大局安危，为民国竞争尤为国民奋斗，至诚贯千
古，舜何人，则予亦何人。

万县　任瀛

任凤宾

四十年只手创民国，
亿万姓同声哭先生。

胶海关监督　任凤宾

任恩灏

于廿五史外别开局面，志伟功高，永垂大业；
在四十年中改造邦家，时危力竭，竟折先生。

北京朝阳大学学生　任恩灏

许鲲

抱四亿人民平等主义,苦心志,劳筋骨,百折不回竟欲造成新世界;

冀两三军阀统销兵权,惜民命,肇邦基,大家一致共和实现慰先生。

许璇

创中华新社会,辟人类新纪元,大志未酬,四海疮痍余涕泪;

论肝胆则英雄,言心术则仁者,精灵不灭,千秋史策有光辉。

瑞安 许璇

许璇(1876—1934),浙江瑞安人。1913年历任北京农业专门学校教授兼代理校长、浙江甲种农业学校校长、北京农业大学校长、浙江第三中山大学(后改称浙江大学)农学院教授、北平大学农学院教授。

许大文

民族民权民生,不啻日月星辰,光被华表;

大知大仁大勇,试问古今中外,谁如我公。

广东 许大文

许大受

让贤传子均涉于私,先生以国家公诸国民,远胜陶唐夏后氏允推巨擘无两；

苦志困身为坚其忍,彼苍降伟人克兴伟业,直与列宁华盛
顿得成鼎足而三。

古歙 许大受

许世英

四十年建革命之勋,立志坚贞,身可毁,家可破,国不可
亡,三民五权,大名永著；

八千里徇合肥之请,征尘况瘁,声相应,气相求,面未相
觌,九仞一篑,遗憾难忘。

许世英(1873—1964),安徽贵池人。1913年任福建民政长,后任内
务总长、交通总长、国务总理等。1930年任全国赈灾委员会委员长兼全
国财政委员会主席。1936年至1938年任驻日本大使。1947年任国民党
政府委员、蒙藏事务委员会委员长。

许华东

咄咄先生,生为谁生,死为谁死,哀哉,先生一死任谁皆下泪；
嗟嗟中国,国非其国,民非其民,伤矣,中国万民罔不尽伤心。

许卓然

人可赎兮,百军邦国应伤今殄瘁；
天不憖遗,一老岛嵎忍忆昔追随。

许卓然(1885—1930),字寄生。福建晋江人。1924年1月,中国国民党在广州召开第一次全国代表大会。1925年,在厦门建立国民党市党部,在韶安、东山、永定、同安建立国民党县党部。1928年,任福建省军事厅参议、泉州禁烟专员。

许承襄

名已震寰瀛,赖吾公身作牺牲,驱二十世纪狂澜而去;
魂兮归粤水,愿勋绩铭诸金石,与四百兆人元气常新。

京师第三监狱　许承襄

许显仁

先生缔造共和,遗恨则内未澄清外不平等;
百姓如丧考妣,难得是佛来西域雪满长天。

许显仁鞠躬

许焕章

主义未完,竟尔先生轻撒手;
遗言犹在,还应后死矢同心。

国民党福建诏安分部前部长　许焕章

许宝蘅

生有自来,万祀千秋兹论定;
没而犹视,九州四海倘澄清。

许宝蘅(1876—)，浙江杭州人生。1922年6月任国务院铨叙局局长。1927年后任国务院秘书厅秘书长、兼法制局局长、国民政府辽宁省政府秘书长等职。

许崇智

（一）
至大至刚,自南自北;
克长克君,乃圣乃神。
（二）
国有以立,
民无能名。

许崇智(1887—1965),原籍广东番禺。1914年后,历任中华革命党军事部长,粤军第二军军长、总司令,国民革命军总司令部军事部长,广东省政府主席,国民党政府监察院副院长等职。

许锡清

轴折柱摧,此后建国,何凭赖有三民五权留白日;
水深火热,即今来苏,谁恃空使九州万众哭先生。

许锡清,字澄区。广东合浦(今属广西)人。曾任国民革命军总司令部政治训练处总务处处长兼秘书长、汕头市市长、国民政府实业部次长、福建省政府委员兼财政厅厅长。

许殿爵

感知遇,曾叨非分之荣,嗣以戎马珠江,愧未能鞭镫追随,
回忆当年犹有憾;

仰政策,欲臻平民之治,深痛骑鲸玉阙,愿同志典型恪守,
毋忘来日冀成城。

陆军少将陆军医院院长　许殿爵

许骧云

立德立言立功,先生其不朽;

有猷有为有守,后死谁与归。

牟绍周

横驾太平洋,东中西美,两大共和,是华盛顿第二;

推翻专制史,平等自由,众生普度,说如来佛大千。

山东　牟绍周

牟钧德等

中原多变故,正群凶构难时,梁栋已摧,为问谁扶黄帝裔;

白下攒雄图,是革命成功地,精灵不散,应教长护紫金山。

山东　牟钧德、陈鸿声

伍大光

墟清社建共和,上下五千年,前无古人,后无来者;
挽主权废苛约,叮咛十数语,国家依之,兆民赖之。

广东 伍大光

伍大光(1887—1936),字韬若。广东新会人。1922 年后,曾任大元帅府秘书兼外交部秘书、广东财政厅秘书、广东省省长公署秘书长、两广盐运使署秘书长、广州市市政厅秘书长、广州市教育局局长、黄埔陆军军官学校教授部少将高级教官、国民政府外交部秘书长等职。

伍伯良

日月昭明忽,忆结盟共夫子;
风云犹惨淡,不堪挥哭先生。

伍伯良等

日月自昭明,忍忆结盟共先子;
风云犹惨淡,不堪挥泪哭元勋。

伍柏良、伍智梅

伍智梅(1907—1956),女。广东台山人。在广州创办汉持医院。曾任广州市立育婴院院长、图强助产职校教授。1931 年任国民党中央委员。抗战中任国民参政会参政员。

伍朝枢

万岁三民,三民万岁;
一人千古,千古一人。

伍朝枢(1886—1934),广东新会人。1918 年任广州军政府外交次长兼总务厅长。1923 年后历任广东大元帅府外交部长、国民党中央党部商民部长、广州市长、外交部长。1929 年和 1931 年两度以中国首席全权代表身份出席国际联盟大会。

安会庭

为斯民生,为斯民死;
失全国父,失全国帅。

安贞祥

卅载呕心,革命成功存五族;
一朝撒手,弥留遗念在三民。

安家迪

先生忍弃人间,正豪强掠夺,群生吮血,磨牙反抗,未定阶级战;
后死徒瞻天上,剩弱小苍凉,诸国椎心,疾首呼号,先吊共和魂。

安华泰等

民犹是民,能革命未能革心,知先生遗恨在此;
国几不国,无治法并无治人,愿后死以耻兴安。

无锡 安华泰、李型

孙岳

唯公马首是瞻,勉起偏师应桴鼓;
斯世豺牙犹厉,不堪国论尚蜩螗。

孙岳(1878—1928),河北高阳人。1918年任直系军官教导团团长。1920年任曹锟卫队旅旅长、第十五混成旅旅长兼大名镇守使。1924年参加北京政变,任国民军联军副总司令兼第三军军长等职。1927年任国民政府军委委员。

孙海

崇高博大仁慈,万古仰雄风,中山千古,钟山千古;
思想主义政策,海内存知己,南纬一人,北纬一人。

孙涛

民治植邦基,数天下英雄,公真健者;
哀音遍寰宇,观海内鼎沸,谁与澄清。

无锡 孙涛

孙锡

廿二省肇造共和,在欧风美雨之间,永纪中华万岁;
四千年新开世界,于帝禘皇煌而后,首推民国一人。

山东 孙锡

孙逊

革命勋高,凛然有千秋生气;
盖棺论定,不愧为一代完人。

孙羲

死不足悲,可悲还在未死,看今日谁来提携民众;
生者何望,所望这些后生,趁此刻群起救护国家。

孙传芳

大业垂成,宏愿誓为天下雨;
英灵永閟,悲思遥逐浙江潮。

孙传轩

有唐虞揖让,兼汤武征诛,破五千年专制藩篱,创局别开,
手共和光汉族;
以孔墨心肠,行佛耶事业,计四十稔周流世界,临终何憾,
遗言奋斗苍生。

孙佐之

赤手造共和,曾视大权如敝屣;
青年同患难,敬持弱筦哭先生。

孙佐齐

我公之立德立功立言,作史者应标新局;
主义是民生民权民族,愿同人莫负遗书。

孙宝鼎

足迹遍天下,卒从黑暗中放绝大光明,竭力铸共和,全国
江山重洗涤;

巨星陨冀北,永为青史上现特别异彩,同声表追悼,满天
星月助凄凉。

无锡 孙宝鼎

孙洪伊

天下为公,洪荒新史开山主;
国魂不灭,努力吾侪后死人。

孙洪伊(1872—1936),字伯兰。天津人。1913年任中华民国众议院议员。1916年6月任北洋政府教育总长,7月改任内务总长。1917年9月任孙中山领导的中华民国军政府内政总长。11月被孙中山任命为驻

沪全权代表,直至1923年。九一八事变后,主张对日宣战。

孙焕臣

说什么帝制铲除,何处中原寻净土;
都要把良心拍打,拼尝苦胆报先生。

孙遴济

党丧导师,国伤保姆,溯平生四十载,历劫茹辛,频经九死,亡命同张俭,受谤等卢梭,满清惨酷未能威,袁曹势焰未能挠,随扑随起,再接再厉,独挽狂澜于已倒;

勋名日月,事业山河,读遗书数万言,深思妙解,卓绝一时,好辩若孟轲,兼爱若墨翟,汤武征伐不为己,夏禹勤劳不为功,至刚至大,乃圣乃神,千秋完论更无伦。

孙继丁

直把四千年政局推翻,到此方知民为贵;
试看亿万众黔黎哭倒,微先生其谁与归。

山东　孙继丁

孙建中

帝制弗存,余孽犹存,愿我辈勿忘四十年革命;
肉体虽死,灵魂不死,论先生可谓五千载伟人。

山东　孙建中

孙建侯

故常尽革,旧染已除,太息矫矫,斯人溘然长逝;
时事方艰,新猷待设。未审芸芸,吊者谁竟全功。

孙树棠

倒曹吴以警军阀,方期大会开幕,解决纠纷,星陨都门千古恨;
联张段而固共和,讵意夙愿未伸,重生障碍,天倾砥柱万民愁。

陕西耀县教导营营长　孙树棠

孙毓筠

历尽四十年艰苦,努力新中华革命事业迄未完成,茫茫前
路,遽失明星,哀我国人将安仰;

唤起五百兆群众,联合全世界被压民族共同奋斗,皇皇遗
言,炳如朝日,勉旃吾党其速兴。

同志后学　孙毓筠

孙道毅

耿耿此志,青天白日;
郁郁佳城,虎踞龙盘。

孙纶襄

愤异姓凭凌,率同胞拯救,艰难险阻卒抵于成,民族论勋名,与刘邦朱元璋并传千古;

主国际平等,争天赋自由,奋斗强权决然至死,近今数贤杰,后列宁华盛顿唯公一人。

浙江　孙纶襄

孙钱素君

追随上帝,爱护人群,公类耶稣,早已置死生毁誉于不顾;

创造共和,推翻专制,我虽女子,亦敬此抑塞磊落之奇才。

刘庄

天地正气,
民国元勋。

刘邠

国家可均也,爵禄可辞也,白刃可蹈也,磨而不磷,涅而不锱;

一乡之善士,一国之善士,天下之善士,前无古人,后无来者。

上海　刘邠

刘英

与专制宣战,与军阀宣战,与列强帝国主义宣战,望重功高千古英雄齐俯首；

为中华造福，为亚洲造福，为世界弱小民族造福，山颓木坏万方群众失瞻依。

刘琬

是政治家，是革命模范家，四十年卧薪尝胆，摩顶放踵，总期功可大成，为斯民造无穷幸福；

为祖国哭，为共和前途哭，亿万人执绋招魂，临风洒泪，徒唤天胡此醉，使吾党留不尽哀思。

刘健

以国家为躯，以民众为心，以吾党奋斗为精神，到处有先生何见其死；

是革命之师，是荡魔之帅，是强权欺压之救主，努力望同志毕底成功。

刘乃宇

以布衣起事，建革命殊勋，四百兆同胞竞称国父；
把专制推翻，开共和新局，五千秋历史仅见斯人。

山东　刘乃宇

刘子诚

陨兹世界伟人，青史辉煌，自有荣光争日月；

遗得国民幸福,红尘遽弃,仍留浩气塞乾坤。

刘子裕

英雄角逐,胜则为王,自来皆依样葫芦,唯先生卑之不屑;
世道晦盲,死还负责,只有此现身点化,庶东亚睡者以醒。

东原　刘子裕

刘文贞

与先生欧陆寄逢,签守盟章实行革命大计划,果也,专制
推翻共和肇兴;

今我辈燕京受嘱,仍须努力拼将事业竟全功,休哉,三民
主义五权宪法。

老盟友　刘文贞

刘文辉

大骨何时归白下,
伊人宛在此中央。

帮办四川军务　刘文辉

刘文辉(1895—1976),四川大邑人。1926 年后任国民革命军二十
四军军长、四川省政府主席、川康边防总指挥、西康省政府主席、国民党
中央执行委员兼西康省党部主任、川康绥靖公署副主任。1949 年 12 月
在四川彭县起义。

刘文翰

革命终身,五千年生面别开,造成民国;
垂名万古,四百兆同胞痛哭,丧失元勋。

刘士奇

是世界伟人,是中华领袖,革命四十年,幸留得三民主义
五权宪法;

令全球洒泪,令举国衔哀,同胞数百兆,愿此后群遵遗嘱
一致进行。

江西工人学校教员　刘士奇

刘中柱

除专制以大同,贯彻民生之本;
造共和而革命,廓然天下为公。

刘英士

革命既乏此毅力,安命复无此耐心,已矣懦夫,胡不遄死;
在世则嗤其狂热,逝世又感其精诚,哀哉伟人,慎勿长生。

刘英士(1899—1985),江苏海门人。1926 年后,曾任上海私立国民
大学总务长、上海国立暨南大学政经系主任、私立吴淞中国公学政经系
教授、安徽大学法学院院长、国民党中央训练团教育委员会教务组组
长、"考试院考选委员会"公职候选人检核委员会委员等职。

刘汉文

哭列宁复哭国父，
死躯壳不死精神。

岭东　刘汉文

刘自切

　　伟大的、创造中华民国之中山先生竟于十二日舍我同胞
溘然长逝！噩耗传来，哀悼曷已！爰照先生意草成此挽。文字
非所择，特借以纪念并勉励焉。

　　革命未完成，痛公先逝；
　　遗言尚在耳，勉我后生。

刘庆长

国奚赖哉，只剩得三民党纲五权宪法；
公竟逝矣，应犹念中州烽火南粤风云。

东平　刘庆长

刘伟才

笃生独具神奇，频年为国宣劳，五色旗翻扬汉族；
弥留犹期统一，此日望云景慕，三军缟素悼元戎。

广西陆军第一军警备司令　刘伟才

84

刘培仁

伟哉哲人,竟使只身关大局;

悲哉吾党,何堪中道失先生。

陕西省议会议员 刘培仁

刘培寿

黄帝以来无其匹,

孔子而后第一人。

刘荣长

大雅云亡,空怀遗范;

哲人其萎,怅望高风。

刘观泗

卢扁固属良医,但针砭东亚病夫,还让我公独步;

汤武也曾革命,视敝屣中华总统,应惭帝制自为。

山东 刘观泗

刘绍先

何必哭,只哭民众无觉悟,公生前,救国实少觉悟的民众;

不要悲,唯悲青年不努力,公逝后,革命全靠努力的青年。

刘绍先,河北大名人。历任第五路军参谋长、第四十三师代理师长、军事委员会委员长南昌行营第六路军第六纵队指挥官、中央陆军军官学校武汉分校主任、第八十军军长等职。

刘治洲

只手创共和,于唐虞揖让,汤武征诛,而外别开一局;
大名垂宇宙,与美华盛顿,德马克恩,诸子各有千秋。

刘治洲,陕西凤翔人。1913 年为众议院议员。1915 年 4 月任农商部次长。1925 年 5 月至 1926 年 4 月,任陕西省省长。

刘承烈

革命无私心,顺天应人,全球共仰非常业;
遗言犹在耳,抚时感事,同志无忘未竟功。

建国湘军第三师师长　刘承烈

刘国增

先生其英豪,尽瘁鞠躬,创造共和,革命尚未成功,曷竟身死;
后进多宵小,争权夺利,破坏民国,同胞不知努力,胡不偕亡。

刘泽民

酬庸执德,国葬允宜,只因典滥袁冯,翻恐是非无定论;
内迫外煎,民生未奠,倘使争功华列,应叹时势独多艰。

刘尚敬

　　五千年昏醉沉酣,聆暮鼓晨钟,群迷始悟,正相与摩挲睡眼,欣觑曙光,端赖先觉指南,周行示我,庶云开蜀道,共进文明,晓日忽阴霾,叹前途棘地荆天河由渡崎岖九折险;

　　四十载流离颠沛,冒惊涛骇浪,屡败不挠,才博得国号共和,人享乐利,方冀长城可托,广厦永宁,竟月冷燕台,遥传噩耗,兆民失保障,痛此后残山剩水更谁来担荷一身轻。

东郡　刘尚敬

刘冠三

(一)
覆专制建共和,册余年艰苦备尝,三民五权赍志以殁;
争自由谋平等,四百兆讴思不置,一棺千古虽死犹生。
(二)
帝国野心犹未除,
吾民努力继先生。

刘冠三(1872—1925),山东高密人。曾任众议院议员、山东招讨使。

刘冠雄

　　识周寰宇,气壮山河,不折不挠,终成孤诣;
　　功溂鼎钟,名垂竹素,独来独往,自足千秋。

刘冠雄(1858—1927),福建闽侯人。1918年3月,任段祺瑞内阁海军总长。1919年1月,任钱能训内阁海军总长。1921年6月,任福建查勘烟禁大员。1922年11月,北京政府任命他为福建镇抚使。1923年1月,奉北京政府命办理福建主客各军善后事宜。

刘树梅

赤手空拳,除数千年专制造四万里共和,功烈远过华盛顿;
鞠躬尽瘁,为五族人自由作十余载北伐,艰危何止武乡侯。

刘秉玫

只手造共和,惊欧美傲澳非事业勋名,琅琅炳炳,旷观古今中外能有几人,更赖正气常留,遗言永著,最堪为后进模范;
同心救中国,好兄弟好姊妹一倡百和,继继绳绳,即或险阻艰辛幸无二志,唯期民权实现,宪政早颁,庶可慰先生英灵。

朝阳大学学生　刘秉玫

刘铨法

一代英雄,卅载革命,全凭这满腔热血;
三民主义,五权宪法,改造了无数青年。

山东私立礼贤中学校长　刘铨法

刘冕执

政策挈当时,中外各种人类民族而行,主义勿磨,即是成功者;

勋名在吾国,古今一切豪杰英雄之上,精神不死,宜为我辈师。

刘景荣

为民造幸福百折不回,铁血精神照日月;
与国民共和一夕升遐,身世典型冠中西。

刘景晨

奔走革命四十年,豪杰得前驱,如公真正无愧党魁,可悲遽死;
华夏有邦五千载,艰难到今日,以后倘不速昌民治,曷慰先生。

刘燕泉

处专制积威倡导共和,苍生赓幸福;
溯遥临桼戴权与会议,志士肇遗型。

陆军第七混成旅步二团团长　刘燕泉

刘清波

得三民主五权,百折不挠,谁知民权甫伸,顿失英雄归天府;
倾帝制造共和,终身何恨,唯惜国事未定,不免血泪满衣襟。

刘侯武

三民主义、五权宪法,学说当留千古;
推倒专制、手创共和,勋劳永在国家。

刘侯武(1892—1975),广东潮州人。北伐期间任海军处党务科长。1928 年任平汉铁路秘书。1931 年任监察院监察委员。

刘揆一

天心太不仁矣,胡丧斯空前绝后之完人,揖让迈尧,征诛蹜武,辩才优于邹孟,博爱广于墨翟,平等真于释迦,数千年专制威权,纯赖苦衷改革,旂张白日,初困雷乡,血染黄花,再挫南越,论到援宁救鄂,策划尤艰,光复汉山河,巍巍元首,敉屉尊荣,岂期约法无灵,群雄多僭名,割据珠江开帅府,挥泪兴师,利钝非所知,唯有鞠躬尽瘁死;

国运亦奚衰乎,谁竟此三民五权之主义,克强早逝,松坡云亡,项城深负公托,黄陂徒有公心,河间直与公敌,二万里共和乐土,渐成满目疮痍,神圣劳工,畴为主宰,职业政治,痛失导师,记得行易知难,学说不朽,陶镕新社会,眷眷同盟,仔肩责任,自愧壮怀虚抱,昔时曾受命,阽危行馆读遗书,服膺垂诚,精诚永相感,何容世乱苟全生。

刘揆一(1878—1950),湖南湘潭人。1912 年任同盟会干事、袁世凯政府工商总长。1918 年任北京政府国会议员。1933 年受聘为国民政府行政院顾问。1950 年任湖南军政委员会顾问。

刘笃西

地裂天昏,万邦同悼;
学说主义,千古如生。

刘廷芳

少年何烈受灵领此邦,决心出埃及;

今日尼颇遗嘱愿吾民,努力抵迦南。

刘廷芳(1891—1947),浙江永嘉人。1920 年后任燕京大学神学院院长,并兼任北京大学和北京师范大学教授。抗战胜利后当选为立法院委员。

刘廷森

真革命第一伟人,知音并驾列宁,三民宏愿,五族倾心,保国首除专制体;

永垂名大千华胄,铎世追纵至圣,九仞成功,百魔抗手,支天谁继自由魂。

刘廷森,曾任国民军第三军中央暂编第三混成旅旅长等职务。

刘汝贤

奔走国事四十年,备尝险阻,卒克告厥成功,方期共济,澄清全瓯永奠;

间关北来八千里,远历风尘,竟尔不辞劳瘁,讵意未遑,建设玉宇返真。

刘汝贤,河北人。曾任北洋军阀政府的参谋部次长、代理参谋部部长、国民三军总参议等职。

刘佐成

扶病莅京华,筹国是拯民权,何期夙愿未偿,遽弃同胞归净土;
望尘钦斗岳,盼伟人图郅治,凄绝英魂长往,顿教吾辈失师资。

刘传绵

抱毕生奋斗精神,百折不回铲除帝制;
未贯彻民权主义,万方多难责在后人。

南陵　刘传绵

刘映奎

由我始不必由我终,大业告成,留将未了勋名让兹后起;
死之年犹是生之日,新邦再造,算来一般建设都为先生。

刘映奎,福建宁化人。曾任参议院议员。

刘继勋

没世名称,不磷不溜见君子;
盖棺论定,而今而后识先生。

刘郁芬

备尝险阻艰难,唯斯人矢志不移,只手造成新世界;

到底光明磊落,将此心和盘托出,千秋共仰大英雄。

刘郁芬(1886—1943),河北清苑人。1927年任冯玉祥部第七方面军总指挥、甘肃省主席。1929年西北军反蒋时任第二军团总司令。1930年中原大战时任西北军后方司令,负责陕甘治安并代理陕西省主席。1940年,投降汪精卫汉奸政权,任伪开封绥靖主任。1942年升任汪伪政府参谋总长。

刘镇华

是鼓吹革命家,是实行革命家,心力交劳四十载;
为中国伟人冠,为世界伟人冠,声名洋溢五大洲。

刘镇华(1882—1955),河南巩县人。1911年以后历任国民党政府陕西省省长、国民革命军第二集团军第八方面军总指挥、豫陕晋豫绥靖督办、鄂皖边区"剿匪"督办、安微省政府主席兼保安司令、国民党第五届中央监察委员等职。

刘盥训

世界失明星,无党无仇同声一哭;
津沽违霁日,竟病竟死低首何人。

刘盥训,山西猗氏(今临猗)人。1913年4月任北京临时参议院议员。第一届国会成立时,任众议院议员。后任国民政府立法院第一届至第四届立法委员。

刘趱蔚

远承周武，近匹列宁，独往独来，至人不死；
星日沈辉，风云变色，忽歌忽哭，举国欲狂。

刘子敏等

祖国一身担，死且不朽；
长城万里堕，悲从中来。

万县　刘子敏、夏诞芳、王作孚、张正扬

刘兆风等

肇造事业，已归前辈录；
革命典型，留与后人看。

陆军第二十五混成旅步兵一团一营营长刘兆风率全体官佐

光云锦

革五千年专制淫威，豪俊多为效，死生唯忧国，殁无余贤，成开国元功，留有大名垂宇宙；
历三百年政情商榷，和平实其本，真诚可见心，言犹在耳，数从来知己，不堪洒泪向春风。

米振标

驱专制魔，迎共和神，数十年力瘁心劬，始成此大好河山，薄海旌旗翻五色；

登岭表航，驻京华斾，两三月忧缠病绕，何竟以无灵药石，满天风雨失元勋。

米振标，河南人。1920 年任热河都统，后又投冯玉祥国民军，任河南军务帮办兼毅军总司令。

华泽钧

三民主义，望大家眼光看透；
五色国旗，是先生心血染成。

华维岳

尧舜揖让而称帝，汤武征诛而传子，论公革命元勋，真能开数千年历史创局；

先进则有美利坚，友邦则有苏维埃，我国共和新建，何遽失四百兆人民导师。

南陵县知事　华维岳

过之庄

护法最决心，三军用命，武力政策惊破胆；
保民乃素志，一旦去世，共和国旗应生悲。

过之输

一病忽升仙,慎莫望易箦遗言奋斗救国;
万方尚多难,窃所愿先鞭竞着缵续有人。

师吉

异檬尽全国名流,数千载专制君王,谁媲先生荣誉;
招魂在中央灵囿,亿万里青天白日,齐奏燕赵悲歌。

湖南国民党支部党员　师吉

毕空海

我公真一代英雄,赤手挽乾坤,如此神州应有恨;
吾父亦当时健者,舍身殉家国,至今湘水不闻声。

权量

同志努力为国,
先生革命未终。

权量,湖北武昌人。1916年任北洋政府交通部次长。1918年任吉长铁路督办兼吉长铁路管理局局长。1920年再任交通部次长兼全路铁路总办。1921年至1922年,曾代理交通部总长。

汤子模

日月并明,时雨咸润,泰山比峻,沧海与深,为社会一致钦崇,中外英贤齐俯首;

国际平等,天下为公,种族泯争,民生均产,造世界无穷幸福,始终心血在同胞。

重庆 汤子模

汤西台

在君主恶势力笼罩之下,卒将共和建设,举国来苏,功绩堪方美乔治;

当民治真精神实现以前,遽为主义牺牲,全球震悼,遭逢酷似俄列宁。

川沙 汤西台

汤铁樵

国体赖以更,华盛列宁相伯仲;
主义未尝死,九州万国生光明。

汤铁樵,湖南醴陵人。1913年任北京政府司法部刑事司司长。1922年2月,一度代理司法部次长。

邬志豪

千秋人范,百世师资,盖棺已成定论,卢罗之间平分政席;
三民主义,五权宪法,治术别开创局,唐虞而后直绍真传。

李良

举数千年帝王权位,归诸人民,备尝险阻艰难,留得声光施后世;
看亿万姓感泣悲歌,如丧考妣,追念音容色笑,记从领海识先生。

黎山　李良

李钠

在五千年历史上,别开生面;
于四百兆民族中,独具苦心。

李鉴

当大总统能退让之,当大元帅能进取之,主义抱三民,满
拟合群以救国;

公在中华是殊勋也,公在世界是伟人也,昊天丧一老,几
多后死哭先生。

湘南后学　李鉴

李基

较释老,不任智,较孔孟,不假权,心行唯诚唯勇惟坚忍,
质直言德,确是耶墨一流圣贤,世儒不能议也;

似尧舜,非禅位,似汤武,非专制,主义至大至正至光明,

宏远论功,已与华林两人鼎足,失败何所见哉。

后学　李基

李铠

浩气满乾坤,九万里神州光复,五族共和,约法永垂民国典;

大名垂宇宙,三百年胡运腥膻,独谋革命,斯人重见汉官仪。

李辉

备天下达德者三,曰知曰勇曰仁,浩气凌重霄,为民革命,

非关仇忌清廷,问几辈胸怀狭隘,拥众自豪,视此老当年何若;

数古今人物无二,有猷有为有守,大期陨北极,寰宇同情,

谁不频挥热泪,请从兹意见消融,前途共勉,续先生未竟之功。

重庆　李辉

李澄

为国为民念兹在兹,四十年险阻备尝,无间终始;

即行即知鼓之舞之,五大族共和懋绩,迈绝古今。

李蟠

卅年辛苦,天下归仁,弱小族亦赖扶持,积劳为民积病为国;

一纸遗言,国家至计,我同志仍须努力,处忧以共处乐以和。

李蟠(1893—1943),广东中山人。曾两任香山县(中山县)县长、国

民政府机要秘书、粤汉铁路局局长等职。

李良等

先生之死,死于救国,救国尚未成功;
我辈何职,职在革命,革命更须努力。

上海　李良、许益谦、程广渊

李衡

膏血润野草,肝脑涂中原,百战归来未酬素愿;
鸷鸟噬颛民,猛兽攫老弱,先生一去谁制群魔。

建国豫军代表　李衡

李芳等

革政以来,初革清,再革宪,抱定革命宗旨,毕生尽瘁全在革;
民主而还,争民权,竞民生,造成民族共和,一世艰苦总为民。

胶济铁路李芳、李致身、刘志恒、孔庆富、张庐祺

李大钊

广东是现代思潮汇注之区,自明季迄于今兹,汉种孑遗,外邦通市,乃至太平崛起,类皆孕育萌兴于斯乡;先生挺身其间,砥柱于革命中流,启后承先,涤新淘旧,扬民族大义,决将再造乾坤;四十余年,殚心瘁力,誓以青天白日,满地红旗,唤起自由独立之精神,要为人间留正气。

中华为世界列强竞争所在,自泰西以至日本,政治掠取,经济侵陵,甚至共管阴谋,争思奴隶牛马尔家国;吾党适丁此会,丧失我建国山斗,云凄海咽,地暗天愁,问继起何人,毅然重整旗鼓;亿兆有众,唯工与农,须本三民五权,群策群力,遵依牺牲奋斗诸遗训,成厥大业慰英灵。

李大荣

睹白日青天,难忘三民主义五权宪法;
论报功崇德,允宜千秋俎豆百世蒸尝。

李大莹

睹白日青天,难忘三民主义五权宪法;
论报功崇德,允宜千秋俎豆百世蒸尝。

李子筹

覆专制满廷,建共和邦家,旋痛军阀弄权,元凶窃柄,率中原志士,宣言护法,实力锄奸,备尝险阻艰难,前者仆,后者继,吾人纪念丰功,远驾美洲华盛顿;

排骄横帝国,扶弱小民族,因主条约平等,关税自由,联世界善邻,提倡大同,抵抗侵略,不计成败利钝,生也荣,死也哀,今日追思硕画,比伦西欧像列宁。

李士凯

奉张野鲁吴专皖段猾滇唐私，前途茫茫正堪虞，问有谁竭智尽忠，为民国牺牲，能如斯老；

四海一百工齐五权伸三民现，凡此桩桩皆应做，愿同胞热心毅力，与恶魔奋斗，克竟其功。

江西　李士凯

李太榘

三民五权，照垂百世；

青天白日，普耀万方。

李凤旸

首创共和，终谋统一，革命数元勋，百折不回真健者；

心存救国，政策平民，支那纂历史，千秋而后定斯人。

直隶保定道尹　李凤旸

李代芳

五十年局创共和，斯民皆受其赐；

四十载心劳国事，天下莫与争能。

山东　李代芳

李兴中

合亚欧美澳非六洲,咸识重名,先生千古;
使汉满蒙回藏五族,同归平等,中国一人。

京畿警卫总司令部参谋长　李兴中

李兴中(1890—1962),河北宁河(今属天津)人。1922年后,任陆军第十一师炮兵团团附、绥远都统署参谋长、陆军第二十师师长、第九十六军军长等职。

李西峰

开民国纪元,举世共钦伟烈;
道群伦进化,昊天胡危哲人。

李世荣

本奋斗精神,作种族革命,振臂呼号,人定本将天定胜;
抱满腔热血,图政治维新,鞠躬尽瘁,雄心竟比苦心多。

建国联军十一军长　李世荣

李训仁

去异扶同,主义远师明太祖;
抚今追昔,雄风并仰紫金山。

李庆深

世界伟人,又弱一个;

生平事业,自有千秋。

李庆芳

天国虽亡,遗民有子;

列宁既逝,并世无俦。

李庆芳,山西襄垣人。1913 年,当选为众议院议员兼宪法起草委员。后任山西警察厅厅长,平津卫戍总司令部军法、外交、交通三处处长。

李纪才

九州苍黎,如丧考妣;

凡有血气,莫不尊亲。

李纪才,湖北人。1924 年后任国民二军第一旅旅长、第九师师长等职。

李自励

只手屠龙,举黄农处夏以来,花样新翻,开五千年未有之局;

三民建国,继瑞比法美而后,平权崛起,是廿世纪共和之师。

山东职业学校校长　李自励

李自华

满清帝制三百年，一足踢翻，真豪杰空前绝后；
中华民国十四稔，只手建造，大英雄虽死犹生。

后学　李自华

李竹玄

人群进行没有止境，先生永远站在潮流前面；
国民革命尚未成功，吾党须要勉为社会中坚。

李仲三

任天下大事，立天下大节，忧以天下，乐以天下；
是非常之人，有非常之功，生亦非常，死亦非常。

全国水利局总裁袁良副总裁　李仲三

李式璠

患难勉相从，最难忘黄浦江头，白鹅潭畔；
英雄偏无命，那堪此紫金山上，碧云寺前。

众议院议员　李式璠顿首

李阶平

先天下以赴义，后群众以攘利，肝胆照乾坤，君为斯民作模范；
言品德是君子，论勋业是伟人，中流失砥柱，我因时世哭英雄。

上海　李阶平

李良选

革命尚未成功,地下何曾弛负担;
同志仍须努力,泉台庶可慰英灵。

山东　李良选

李延瑞

主义著三民,外仇宜铲,内乱应平,千万言救国南针,唯一良方须革命;
蹂躏遍五族,军阀逞威,列强肆暴,四十载奋斗事业,无限遗恨未成功。

江西工人学校　李延瑞

李运鸿

身葬玻璃棺中,肝胆照人,毕竟光明磊落;
骨埋紫金山上,英雄盖世,果是超群绝伦。

李秀峰

为被压阶级呼冤,为解放民族奋斗,铲五千年专制淫威,功高两大;
与帝国主义宣战,与专横军阀驰驱,历四十载革命辛苦,志在三民。

李其芳

埋名隐姓,最予早作韩康,记侍疾去年,进药也曾劳下问;
起死回生,举世竟吴扁鹊,痛迟来几日,抚棺空自观遗容。

　　帅座为家君挚友,其芳自德国学医归,蒙留充大本营医官。去夏会帅座病脑颇剧,经其芳诊断收效,每有对必细意垂问剖析微茫。冬间单车北上,原拟侍从,临行嘱以做官不如行医,遂止。迫病起闻讯,其芳连电进四种疗治法。此间竟无一采用者。至本月七日,奉电急召,行抵沪滨,而哀电至矣。抚棺一恸,泪与恨俱。

李其芳泣挽并记

李其楷

公死矣,公真死矣,公死则群众失依归,民权甫茁生机都随以死;
我悲之,我重悲之,我悲夫共和谁策进,政局翻新乐境又变为悲。

阜籍　李其楷

李明扬

北伐愧无功,廿载迫随虚凤愿;
此行成永诀,三军缟素尽吞声。

建国赣军司令　李明扬

107

李明扬(1891—1978),安徽肖县人。北伐战争时,任东路先遣军司令。北伐后,任国民革命军独立第一师师长。抗日战争时,任第五战区游击总指挥、长江挺进军总司令、第十战区副司令长官。

李国森

手执五色国旗,与恶魔斗,
口唱三民主义,和军阀争。

李国斌

毕世动名播万国;
一身事业足千秋。

鄂军混成旅步兵第二团团副　李国斌

李国斌(—1930),号茧生,湖南平江人。1925 年任江苏水陆警总司令部副官长,继任水警第二区第八队队长。1926 年,调任游击队长。

李治云

中道崩殂,万里乾坤谁再造;
山河惨淡,一天风雨共兴悲。

李治云,河北山海关人。曾任河南豫北镇守使、河南第一混成旅旅长。1924 年 9 月,参加第二次直奉战争,出任讨奉援军第八路司令,率部与奉军作战。

李鸣钟

纵横九万里，上下五千年，如先生者曾有几；
行省二十余，同胞四百兆，微斯人其谁与归。

绥远都统　李鸣钟

李鸣钟，河南沈邱人。1924年随冯玉祥发动北京政变，任绥远都统。1930年后任皖豫鄂边区绥靖督办、国民党军事参议院参议。

李英铨

揭三民主义，为革新奋斗，数十载未竟全功，梦梦彼苍先生去也；
唤五族同胞，以对外震慑，四大洲待除苛约，尘尘广陆后死勉旃。

李英铨，广东英德人。1913年，当选为参议院议员。

李含芳

政绩在粤东，看信史他年纪载；
声名满天下，留先生百世哀荣。

李含芳（1884—1928），陕西临潼人。1913年，被选为第一届国会众议院议员。1917年，任护法国会众议院议员。1922年，第二次恢复国会时任众议院议员。1924年，任郑州商埠督办。

李炳堃

是神州赤县兴亡所关,山河变色;

隔寒食清明时节不远,风雨无情。

四川 李炳堃

李临阳

为平民争主权,百折不挠,革命史中推第一;

痛举国正纷乱,万端待理,先生身后叹无双。

李净光

才轶古今行谊,最高勋名,最高学术,最高真合德言功成
三不朽者;

道唯慈勇机智,不屑权位,不屑神教,不屑是超释儒墨外
一大圣人。

李佳白

先天下忧以忧,志行倘旦夕抒申,旷世古今无与匹;

后列宁死而死,成败留人间评论,噩音中外有余哀。

李佳白(Gilbert Reid, 1857—1927),美国人。1882 年来华,先后在山
东烟台、济南传教年。义和团运动时,任英国侵略军翻译。1913 年作《尊
孔》一书,鼓吹儒教与基督教互相结合,以防止社会之骚动兴起。

李钟岳

三民五权，阐扬正义；
千秋万岁，痛去元勋。

胶济铁路管理局局长　李钟岳

李钟岳(1871—　)，广东东莞人。1919 年 1 月，任北京政府陆军部军务司司长。旋任华盛顿会议中国代表团专门委员。1924 年 1 月，调任陆军部参事。

李济深

痛失民权权首，
谁招我国国魂。

李昭暄

群盲谤日月，数年前我亦其一；
主义垂天地，从今后民有所归。

李朗如

八千里外闻病笃，六日兼程，仅赢得侍疾浃旬，凭棺一恸；
十数年间若父事，三民努力，最可痛瞻依无自，梁木增悲。

李朗如(1889—1963)，广东南海人。1921 年后任孙侍从秘书和侍卫长、广州市公安局局长、建国粤军第三军参谋长兼政治部主任、国民革命军前敌总指挥部政务处处长、广九铁路局局长等职。

李根源

（一）

摧千年之专制，复五族之共和，有史以来公为首出；

总万国之宝书，通百王之大法，一言足蔽是曰三民。

（二）

开国极辛勤，大义炳然，全力注革命事业；

中原犹况瘁，斯人往矣，一身系天下安危。

李根源(1879—1965)，云南腾冲人。1916 年后任陕西省长、驻粤滇军总司令等职。1939 年后任监察院委员兼云贵监察使。

李烈钧

才逾汤武，功盖桓文，九万里震威名，天授于斯，前无古人，后无来者；

运筹帷幄，持节疆场，二十年共患难，山颓安仰，上为国痛，下为私哀。

李梦彪

革四千年旧朝局帝制永除，共和肇造，孰云五权宪法，三民主义，仅一党之信条，倘思磐石奠邦家，舍此何术；

某亿兆人新生命艰险不避，荣利弗贪，直以仁爱胸怀，公平道理，为群众而奋斗，如是精神满天地，历久弥光。

李梦彪(1879—1952)，陕西洵阳(今旬阳)人。1916年后，任陕西第一游击队参谋长、任国会众议院议员，一度兼代省长。1948年任监察院监察委员、两湖区监察委员行署委员。

李婧瑛

黼黻中华，竖辉念四史；
倾颓山岳，横撼六大洲。

李景林

（一）

统一甫萌芽，顿教砍地兴悲，哀民国开基元老；
大千仍浩劫，孰是回天有力，竟先生未了全功。

（二）

创五千年奇局，手定共和，破坏易，建设难，未竟全功，灵爽在天终抱恨；

殚四十载热诚，心劳革命，毁身家，摩顶踵，如斯伟绩，大名著史独增荣。

李景林(1885—1932)，河北枣强人。1922年任奉天陆军第十一师师长。第二次直奉战争时，任奉天陆军第二军军长。1928年任国民党政府军事委员会委员。1931年任山东国术馆馆长。

李景龢

（一）

匹夫身据帝王都，虎踞龙盘平添一席；

人格上追儒释祖,大同博爱共表群伦。

(二)

旷代圣人才,只师事未能此怀耿耿长终古;

痛心开国史,为两贤相厄天下汹汹直到今。

李景龢,福建闽侯人。1913 年任众议院议员。1929 年 6 月任国民政府军政部参事。

李景枞

五千年应运而兴,抗衡汤武,揖让唐虞,作始本非常,笔削足凭身后定;

四百兆望尘莫及,江汉汤汤,秋阳濯濯,自由终不死,护持须仗在天灵。

李景枞,福建闽侯人。历任国民政府交通部技正、航空科科长、航空部总务司司长等职。欧亚航空公司设立后,任公司总经理。

李筱坡

黎庶何依,空留此共和称号;

苍天不佑,遽折我开国元勋。

胶澳私立济众医院院长　李筱坡

李毓万

五千年君主专制既已铲除,生平似谓无遗恨;

四十载民治共和依然虚伪,地下应知尚痛心。

山东　李毓万

李靖宇

当年革命功成,立志苦经营,中外古今谁与匹;
此日盖棺定论,大名垂宇宙,蛮夷华夏旷无伦。

李涵清

道可道,非常道,名可名,非常名,大莫能载,小莫能破;
忧其忧,为民忧,乐其乐,为民乐,公而忘私,国而忘家。

栖霞　李涵清

李逢庚

先生本洪秀全,身后合南北东西列王,早祛异族,奈秣陵
收王气,满清余运未终,普陀见铁尺磨针,今生磨不成,再生岂
磨不成,忽忽六十年间,痴顽老子重来,石烂海枯追作誓;

问道继朱元璋,复国率黄蔡宋徐诸杰,倡义同胞,自武汉
建民军,总统中原开始,仲尼谓金革强衽,有道强哉矫,无道亦
强哉矫,落落廿四史外,特别伟人一传,地穿天折更何书。

流寓安徽南陵县犹龙道人　李逢庚

李福林

(一)

二十年前仗剑,始从公坡岛,受嘉言尚如昨日;

八千里外挥戈,方杀敌珠江,传噩耗痛失明星。

军长　李福林

(二)

中国尚纷争,一柱可擎天党满,遍传安大局;

东江虽捷报,渠魁犹未护灵光,遽殒失长城。

　　李福林(1874—1952),广东番禺人。1907年后率众参加革命,后任都督府警卫军营长、广东全省警务处处长、广州市政厅厅长。1926年任国民革命军第五军军长。曾任国民党中央监察委员。

李惠民

力疾赴京师,至死不忘救国;

痛心在吾党,革命尚未成功。

广东　李惠民

李舒恒

是天地日月之精华,所钟一倒满清再建共和,唯先生为然伟大;

合孔墨华耶之思想,立说三民主义五权宪法,在后起继其发皇。

国立北京师大学生　李舒恒

李澄于

生岂负民,木石恨填精卫海;

死犹革命,水晶魂恋列宁棺。

李藩昌

道德无双,学问无双,生平事业更无双,数十年盘错艰危,
完成旷代勋名而去;
专制为敌,军阀为敌,帝国主义亦为敌,三四月忧伤痛苦,
竟举终身精力以殉。

李肇甫

百世下莫不兴起主义,炳日星即知即行,大业艰难唯手创;
十年来愧未追随同盟,逾金石安仰安放,哲人萎谢倍心肠。

重庆 李肇甫

李肇甫(1887—1950),四川巴县人。1912 年 1 月任中华民国南京
临时政府总统府秘书处总务组成员、南京临时参议院全院委员长。同年
4 月任北京临时政府参议院议员。抗日战争时期,曾任四川省临时参议
会议长、四川省政府秘书长。

李燮昌

公真算世间英雄,拼将性命摧专制;
我忝列国民代表,应向灵坛赋大招。

川籍众议院议员 李燮昌

李燮阳

为国为民,首倡革命四十载;
至公至正,创造共和第一人。

李燮阳,字弥青。云南昭通人。1912 年后,历任云南实业司副司长,兼任云南全省模范工厂监督及铁路局局长。1913 年,被选为众议院议员。1915 年任护国第四军筹饷总办。1917 年任护法国会众议院议员。

李士瀛等

十余年共和徒多黑幕,甲兴乙仆,各营厥私,熟视若无关,后死应教齐愧死;
四百兆民众顿失明星,五权三民,独见其大,实行终有日,先生何竟不长生。

山东　李士瀛、信奎三、王鸿仁

李庆麟等

英杰顿飘零,赋楚些以招魂,雨泪竟成江上水;
山河已恢复,对彼苍而搔首,神州何失斗南人。

李庆麟、方守正

李鸣和等

为人群谋幸福,为世界谋和平,主义固日新,先生不死;
是专制之仇雠,是民国之砥柱,大功难未竟,我辈犹存。

重庆　李鸣和、黄鹏基

李维汉等

以汤武之征诛,行尧舜之揖逊,绝后空前,大丈夫当如是也;
本三民之主义,行五权之宪章,继志述业,余小子何敢让焉。

李维汉、缪卓荣

李淑芬等

有生六十岁革命四十年,济世济人,垂危尚呼和平奋斗救中国;
一度为元首两次任元帅,弃家弃产,身后只有书籍衣服与敝庐。

山东 李淑芬、李鲁航

李静懿等

遍输欧美文明,欲合我四百兆同胞,咸发鼎新气象;
违慕黄农揖让,惜未还数千年古国,重见民贵精神。

李静懿、李文敏

佛航

前无古人,后无来者,上下四千年,争汉满蒙回藏五民族
平等自由,此为领袖;

其生也荣,其死也哀,纵横八万里,是欧美亚非澳六大洲
时贤往哲,有数人物。

山东 佛航

谷正伦

聪明神武而不杀，

允恭克让之谓文。

谷正伦(1890—1953)，贵州安顺人。1921年被孙中山任命为中央直辖黔军总司令。1926年任国民革命军独立第二师师长。1932年任国民党政府首任宪兵司令。1935年当选为国民党中央委员。抗日战争爆发后，兼任军事委员会军法执行副监。1940年任甘肃省政府主席。1947年调任粮食部部长。1948年任贵州省政府主席。

谷良民

革命功成，奠社会于苞桑，昔志气传千古；

共和业建，匡国家如衽席，当年英垂千秋。

谷良民(1890—1975)，字敬轩。山东巨野人。1924年后，后任国民军联军第十一师第三十一旅旅长、曹州镇守使、第五十六军军长、重庆国民军事参议院参议等职。后在四川省江津县创办建国酒精厂，任董事长。1946年任东亚企业公司董事会常务理事。

谷伯雠

（一）

民有民治民享以赏之，即此振人兼救国；

立德立功立言不朽也，未期绝后已空前。

（二）

试问数十年磨折，得着谁来，可怜待毙床头，尚哀呼同胞奋斗；

方期四百兆健儿,追随公去,那堪顿丧龙首,唯痛哭异族侵略。

谷钟秀

以民族主义倾覆旧朝廷,伟烈直垺明太祖;
挟社会精神抟垸新世界,宏规并跨俄列宁。

后学　谷钟秀

　　谷钟秀,直隶(今河北)定县人。1916年,任段祺瑞内阁农商总长兼全国水利总裁。1923年任收回铁路筹备处总办。1936年任河北省政府委员兼井陉矿务局局长。

余名铨

如何折天柱,
谁与奠神州。

余怀清

　　竟为众生入地狱,时而平民,时而军人,现种种身是何意态雄杰,目无余子;
　　欲拼一死回天运,阨于革命,厄于护法,遗重重恨若论艰难缔造,败亦英雄。

余启昌

斯民先觉,国士奇英,能阐共和真谛;

一瓣心香,万方痛泪,尚留沉毅精魂。

余良驹

立德立功立言,如此完人千古少;
民生民权民族,长留主义两间存。

鄂军混成旅第二团中校团附　余良驹

余和鸿

日月变色,天胡不仁,叹革命未成,万国英雄齐扼腕;
沧海横流,我惭后死,恸遗书尚在,满城风雨泣精魂。

广东　余和鸿

余际唐

帝王与仇,军阀与仇,官僚与仇,乃至西欧北美群强与仇,
独有四亿众为友;
自由不死,平等不死,博爱不死,更使三民五权主义不死,
公虽千百年犹生。

建国联军第一军军长　余际唐

余际唐(1888—1964),四川荣县人。1917年后,任四川靖国各军总司令部参谋长兼挺进军司令官、四川讨贼军第六师师长、建国联军川军第一军军长。抗日战争期间,任国民政府军事参议院少将参议等职,自开办煤、铁矿,有"煤铁大王"之称。

余维一

铜像千秋尊国父，
丹心一点拜人师。

余焕东

行为天下法，言为天下则；
仁者无不爱，智者无不知。

余铭铨

如何折天柱，
谁与奠神州。

余嗣煌等

覆专制，建共和，卅余年艰苦备尝，三民五权赍志以殁；
争自由，谋平等，四百兆讴思不置，一棺千古虽死犹生。

重庆余嗣煌、林亮如

但懋辛

大道沉霾，海天失色；
凌空制驭，雷电为驱。

但懋辛（1884—1965），字怒刚。四川荣县人。曾任四川省长、建国联军川军总司令、军事委员会参议。

杜华

大地起龙蛇,推倒满清光复汉族,有志事竟成,百世勋名垂宇宙;
中原正鼙鼓,破坏甫终建设伊始,积劳身先死,万方多难哭元戎。

杜韵

中外哭元勋,一别吞声,放眼河山都减色;
古今尊大义,再来绝望,侧身天地有余哀。

湖北蕲水　杜韵

杜炎临

泰山崩,华岳震动;
先生死,中外同悲。

广东番禺　杜炎临

杜道周

民生调蔽,沥胆推诚励后死;
国事颓唐,惊心动魂哭先生。

杜锡钧

公与民国同生,地久天长,万古精神留赤县;

我在汉皋闻耗,山颓木坏,两行涕泪洒沧江。

汉黄镇守使　杜锡钧

杜锡钧(1880—1945),河北故城人。1911 年任第二协协统、湖北军政府军令部长、北伐军第一军司令官等职。1912 年任湖北第四师师长。次年任汉口镇守使。1920 年改任汉黄镇守使。

闵星台

开国五千年,帝制相仍,唯先生首倡共和,留得勋名光史册;
革命四十岁,大功未竟,望后死谨遵遗嘱,誓讲主义奠神州。

沂川

数十年奋斗生涯,竭诚奠华夏国基,谋平民幸福;
四百兆觉悟群众,努力继导师遗志,竟革命全功。

冷遹

三千年帝王本纪,一笔勾销,建中国新纪元,五族共和,旋乾转坤凭赤手;

四百兆人民主权,万邦公认,弃天下如敝屣,九州多难,披肝沥胆为苍生。

南京　冷遹

冷遹(1882—1959),江苏丹徒人。1917 年任护法军政府总参议和代理内政部长。1945 年 5 月与黄炎培等联合提出恢复国共谈判的主张,并亲赴延安接洽。

125

何安

惜这个英雄豪杰血性男子,三民五权,极力宣传,鞠躬尽
瘁之人,死多余痛;

问那班军阀政客卖国贼臣,朝秦暮楚,不顾民艰,迷心利
禄之辈,生有何荣。

山东 何安

何侠

革命尚未成功,听先哲遗言,宛如半夜钟声惊醒迷梦;

同志犹须努力,对后人警告,无异当头棒喝振起国魂。

丹阳党员 何侠

何遂

推翻专制,缔造共和,成功不居,一例征诛蔑汤武;

三民政治,五权宪法,有书行世,万端经纬此权舆。

暂编陆军第四师师长 何遂

何遂,福建人。曾任陆军第十五混成旅和第三军参谋长、暂编第四
师师长等职。一度出任广州黄埔军校教育长。

何丰林

复还民族国家,历史五千年,一人而已;

深信灵魂存在,苦心十四载,此别何之。

何丰林(1873—　　),山东平阴人。民国成立后,任第四师第八旅旅长、浙江宁台镇守使、淞沪护军使等职。1924年江浙战争爆发,任浙沪联军第一军司令。

何其昌

让事方艰,竟在斯时陨北斗;
温泉依在,将于何日盼君来。

温泉疗养院　何其昌

何其巩

是东亚古国,崛起变法之人,独异百王,简册要为擘一格;
于四海九州,革命成功而后,考终北直,哀荣亦已足千秋。

何其巩(1898—1955),安徽桐城人。1925年后任绥远都统署秘书长、国民军联军总司令部秘书长、国民革命军第二集团军总司令部秘书长、第一任北平特别市市长、安徽省政府委员兼教育厅长等职。

何宗猷

为人民谋幸福,为国家建共和,四十年艰苦备尝,鞠躬尽瘁;
愿世界登大同,愿社会跻平等,数千里兼程跋涉,壮志未酬。

何柱彬

公竟去矣,举国无完人,天实不仁,邦将焉托;
我有忧焉,万方正多事,死可复也,吾其代之。

何昧辛

六十万革命党员,往战线上去啊;
全世界困苦民众,从羁轭下起来。

何海鸣

当二次军兴,全归顿挫,守江南约三旬,为公后盾,愿与同仇,虽不必有功,在党差曾微职尽;
昔少年气盛,莫测高深,徙燕北将十载,徒自孤行,未能补过,今竟成永诀,反躬总觉疚心多。

何海鸣(1887—约1944),湖南衡阳人。民国建立后,任《大江报》主编。1913年二次革命以后,任上海《民权报》主笔和北京《又新日报》主编。

何懋澜

不作时势忧,爱洒英雄泪;
为弥千古恨,多树百年人。

万县第一女校校长　何懋澜

何麓昆

国计民生成善后，
英雄时势两空前。

福建　何麓昆

汪迈

本革新壮志作革命生涯，五千年专制推翻，亘古勋名垂宇宙；
以武穆胸襟寄武乡怀抱，四十载经营惨淡，千秋浩气壮山河。

陆军辎重兵上校　汪迈

汪子畏

为民死，为国死，数民国元勋，维有先生不死；
若群生，若众生，须群众奋斗，莫教后死徒生。

汪大燮

伟志册年成，河山永壮；
哀音环海震，竹帛常新。

汪大燮（1859—1929），浙江钱塘（今杭州）人。1913年任熊希龄内
阁教育总长。1914年任平政院院长、参政院参政兼副院长。1916年曾任
交通总长、外交总长、暂代国务院总理等职。

汪山民

　　公能医国世,不能医公,肝癌病笃,镭锭无灵,惨露压京华,一颗明星悲遽落;
　　政可齐民贤,乃可齐政,器识渊深,知艰独见,典型垂宙宇,五权宪法最难忘。

歙县稠墅　汪山民

汪廷襄

　　先生以革命终,赤血铁心,推翻专制五千载;
　　平民英雄本色,青天白日,是肇共和第一人。

汪衔石

　　同志尽英髦,柔弱掣肘强梁倒戈,其余附和随声因利乘便,尽先生独出独入,尽萃鞠躬,义师正捷身先死;
　　勋名塞宇宙,内铲专制外抗侵掠,复有三民五权学术方略,须国民再厉再接,发辉光大,精灵未泯魂归来。

吴沆

　　富贵不能淫,贫贱不能移,威武不能屈,斯谓仁者;
　　天地之所寄,日月之所照,霜露之所坠,咸痛先生。

　　吴沆,河南商城人。历任国立北京农业大学化学系主任、国立北京女子师范大学总务长、国立武昌中山大学、省立开封中州大学教授、国

民政府军政部兵工研究委员会专任委员兼开封兵工厂厂长、中央军官
学校教官等职。

吴钫

七尺昂藏,剩有铜肝铁胆;
一朝解脱,笑看白日青天。

吴钫,江西宜黄人。1915 年 7 月,署浙江省财政厅厅长。1916 年 7
月,任浙江都督府高等顾问。

吴桢

铲除专制,为男女同胞谋自由,旷世功名垂永久;
创造共和,与欧美各国争平等,毕生事业在坚贞。

吴虞

高名震五洲,终以不屈精神,打倒历代帝王世世专制;
同胞须一致,努力实行主义,莫负中华民国妈妈苦心。

吴虞(1872—1949),四川新繁(今新都)人。1921 年任北京大学国
文系教授。1926 年后,在成都大学、四川大学任教。

吴子政

是总统,是布衣,四十年救国精神,大丈夫当如此也;

若列宁,若林肯,千万祀为民父母,我同胞何以哭之。

江苏宜兴　吴子政

吴木兰

为国民首,为革命魁,君逝矣,当痛这一国三公,大志未成谁后继;
论英雄绩,论伟人才,吾愧哉,且看此群英毕集,宏谋谁能匹先生。

吴公干

富贵不淫,威武不屈,成功不居,可敬先生人格;
遗训毋忘,权利毋争,牺牲毋惜,方是我辈行为。

上海　吴公干

吴中英

四十年手造共和,只求福国利民,革命元勋光日月;
八千里躬临畿辅,讵料山颓木坏,寰瀛悲惨恸风云。

吴永珊

为东亚造和平,拯斯民于水火;
与列宁相伯仲,极世界之荣哀。

吴邦珍

数十年艰难险阻,有志竟成,平心论之,公不愧中原豪杰;

132

亿万人雪涕衔哀,所为何事,诸君听者,共毋忘后死精神。

吴芝英

中华标榜十四年,名称犹是,实现何曾,目的促达最短期,
先生未死也;

世界潮流千万变,方略自存,大纲具备,国民唤起同努力,
女子亦兴乎。

桐城　吴芝英

吴芝瑛,女,安徽桐城人。1907年秋瑾在绍兴遇害后,与徐自华将
其葬于杭州西湖泠桥头,并写墓表。后在家乡创办鞠隐小学,从事教育
和慈善公益事业。

吴近仁

主义抱三民,竟使帝王成敝屣;
精神推独步,不须生死待时评。

福建　吴近仁

吴祥凤

意达志伸,公死应无遗憾;
知难行易,私期唯在全民。

吴祥凤挽联

吴奉璋

五千年谁与比伦,生有自来,死而后已;
亿兆人无穷涕泪,上为苍生,下哭其私。

吴祜贞

三民主义五权宪法,平生伟略待抒,方期青史成编,胡不憖遗此老;
要塞从戎石城随节,一旦仙凡顿隔,应为苍生雪涕,岂徒痛哭其私。

吴受祜

豪气撼山河,五族一家创国宪;
大名垂宇宙,千秋万世立民权。

丹阳市议会议长 吴受祜

吴青旺

满身皆战血余腥,数十载奋斗功成,为救同胞离水火;
起首应潮流趋势,五千年重新国宪,长留奕世拜英灵。

陆军第二十五混成旅步兵第二团二营营长 吴青旺

吴忠信

以天下为己任,不视天下为私产;

有古圣之至德，而无古圣之高年。

吴忠信(1884—1959)，安徽合肥人。曾任国民党江苏省政府委员、安徽省政府主席、贵州省政府主席、蒙藏委员会委员长、新疆省政府主席兼保安司令等。

吴忠黄

念缔造艰难，无补生民，嗟小子仅多涕泪；
值邦家板荡，有书建国，竟先生未尽辛勤。

世晚　吴忠黄

吴宿光

革命革命，大家群继革命；
先生先生，同胞齐哭先生。

吴敬恒

闻道大哭之，下士应多异议；
贻谋后死者，成功不必及身。

吴敬恒(1865—1953)，字稚晖，江苏武进人。历任南京国民政府国防最高委员会委员、教育部国语统一筹备委员会主席、国民党中央评议委员等职。

吴雅宽

首创共和，屈指谁能呼伯仲；

身随左右,伤心不再荷甄陶。

吴新田

粤峤起人豪,俾五千年混沌重开,两造共和来渤海;
虞渊惊日坠,叹三万里骅骝永世,孤悬遗范肃云霄。

陕西　吴新田

吴新田,安徽合肥人。历任陆军第七师第十四旅旅长、湖南岳阳镇守使,后任陆军第七师师长。1925年被段祺瑞委派督办陕西军务善后事宜。后任陕西护军使。

吴修源

三民五权,共和真语;
青天白日,革命导师。

吴肇炘

只手造共和,二十年南北东西,浑身是胆;
大名垂宇宙,廿四省悲歌悼叹,虽死犹生。

直隶水产学校校长　吴肇炘

吴秉臣

昔年海外南旋,救斯民于水火,除专制创共和,功实在千秋,我国庶几永固;
此次岭表北上,若大旱望云霓,统宪纲垂法纪,天不遗一老,舍公岂谁与归。

吴景濂

国贼未除,想先生犹遗隐恨;
人心不死,望后起共竟前功。

吴景濂,奉天宁远(今辽宁兴城)人。1917年6月任广东非常国会议长。1922年任北京政府众议院议长。

吴聘臣

数万里劫历红羊思看尘匝地,碧血横飞政见各,纷争环海烽烟尤浩荡;
十载念关黔首岂期国难方殷,英灵长往古今同,慨叹何山风雨益凄其。

上海 吴聘臣

吴璧光等

建国道虽多,孰若三民主义五权宪法;
摧公者甚众,岂仅一点肝疾六粒胆砂。

吴璧光、王文轩

吴郿戍楼负羽客

立说如群经,历先秦前汉正学始,超然百氏;

班书大一统,微楚项韩张炎刘奭,有于邦家。

应时

(一)

生前奋斗,主张民族民权民生民有民治民享,始终无懈;
死后哀荣,无论是老是壮是少是工是商是农,中外同悲。

(二)

筹国来北直京华,著述裕法典,新编资考镜;
归真后南无佛诞,哀音遍中外,遗容景灵光。

应时,浙江吴兴(今湖州)人。历任浙江公立法政专门学校教务长、修订法律馆副总裁、北京政府外交部条约研究委员会顾问、上海法租界特区地方法院民事庭庭长、浙江省立医药专科学校教授。

应梅圃

聆教记东瀛,事业蹉跎,主义有惭先觉者;
招魂凄北塞,典型犹在,精神可振后来人。

河南　应梅圃

应敬斋等

开国重元勋,为主义战,为民权争,三造共和功业伟;
革命推巨子,效华盛顿,效马志尼,一朝作古世人哀。

陆军第二十五混成旅第三团工兵营营长应敬斋率全体官佐目兵

严端

倡革命建共和,当年蓬岛盟心慷慨誓书犹在箧;
谋和平成统一,此后神州戮力支持危局更何人。

严端,广西昭平人。历任广西都督府财政部长、中华国民制糖公司
协理。

苏文衍

联欢杯酒远在三十年前,洎我公卸任南来,烈士祭黄岗,
先后追随如昨日;
革命精神弥漫五大洲内,痛此际骑箕而去,英灵归白下,
始终奋斗更何人。

乡晚　苏文衍

沈靖

痛先生建国未已,
愿后死矢志竟成。

沈默

民未能生,公胡可死;
天之既丧,吾将安归。

热河省议会议长　沈默

沈默,安东孤山(今属辽宁东沟)人。历任国立东北大学副教授、国民政府外交部专员。1948年派为代驻马尼拉总领事馆领事、代总领事。1949年3月任领事。

沈仪彬

缔造中国共和,华盛顿再见今日;
宣传三民主义,苏维埃首赞先生。

沈仪彬(1883—1969),女,浙江山阴人。1922年,在上海创办私立女子法政学校。1924年9月,创办私立法政大学。

沈际虞

名世筑奇勋,力扫四千年专制,垂不朽业,推第一人,经十余载,缔造共和,甚至病笃弥留,遗嘱犹存天下志;
高轩临远道,欢腾七百万同胞,素愿已偿,全功待竟,历数阅月,筹开大会,讵意鞠躬尽瘁,哀号遍听国民悲。

吴兴 沈际虞

沈廷基

化世界于文明,挽既倒狂澜,一生事业在革命;
识时务为俊杰,睹同胞追悼,天下英雄唯使君。

吴江 沈廷基

沈志超

死了死了,项城河间,小百姓谁愿一哭;
痛哉痛哉,中山列宁,大英雄并峙千秋。

吴江 沈志超

按:项城、河间,分别指袁世凯(河南省项城人)、冯国璋(河北省河间人)。

沈佩贞

世界无双杰,
中原第一人。

妇女生计会代表 沈佩贞

沈德良

倒满清,铲帝制,竭一生心血,尽瘁革命,如此伟绩巨功,谁不同声称国父;
讨袁张,挞曹吴,费半世精神,贯澈主义,忽而惊人噩耗,我亦挥泪哭先生。

松江 沈德良

沈维华

不畏死,不爱财,只手造共和,成功不居,公真不朽;
能廉顽,能立懦,三民为主义,大德能育,我无能名。

松江 沈维华

沈冠杰

胞与本素怀,赤手独推专制;
死生原有命,披肝总为共和。

福建南藩校长　沈冠杰

沈芳兰等

公正契先生,利己利人,衾影无惭对天日;
英贤超凡辈,应内应外,欧亚众口树风声。

吴江　沈芳兰、褚兰郁

沈国树等

具不屈不挠精神,醉心革命;
泯争权争利思想,立志救民。

常熟　沈国树、程葆荣、张承熙

沈钧业等

以天下为己任,
唯公独有千秋。

沈钧业、李杰挽联

沈钧业(1884—1951),浙江山阴(今绍兴)人。1911年后任省军政府教育司司长、山东省政务厅厅长、吴淞沙钧船稽征局局长等职。

142

君致中

天厌中华倾砥柱，

我为民国哭先生。

狄侃

万古不磨，三五主义；

一生受累，六七小人。

狄侃(1893—1967)，江苏省溧城镇人。曾任广东大元帅府秘书。

狄荫华

功业炳乾坤，为生民所未有；

勋名垂宇宙，挈日月以长存。

北京女子师范学校毕业生溧阳　狄荫华

宋新

济世为怀，提倡民权平等；

积劳成疾，那堪肝胆症痂。

宋镕等

是鲁仲连，死不帝秦之后身，故自逊帝屋社，则位辞总统，

废帝移宫，则馆捐总理，历卅余年，铲除帝制，目的已偿，这真

个德被四时,成功者退;

　　奉孟亚圣,首倡民贵为宗旨,独惜三民主义,只手揭党纲,国民会议,只口嘱党人,费千万声,唤起民权,雏形始现,遂弗获憖遗一老,嗣飨其谁。

国民党党员　宋镕、叶树楷、叶元熙

宋庆霖

　　负改造宏谟,许世以身,有功于民,有功于国,斯人卓著千秋业;
　　综生平伟绩,大书其事,或布在方,或布在策,此后留传万古名。

暂编陆军第二师步二旅三团团长　宋庆霖

宋传典

　　为社会,为国家,生前革命数十载,英灵震宇宙;
　　是圣贤,是豪杰,身后唯留几卷书,肝胆照人间。

青岛大学校长　宋传典

宋希贤

　　凭三寸舌,著万言书,数十年奔走号呼,只为国民争幸福;
　　开文明风,创共和制,四亿庶悲歌感激,竟斟柏酒吊先生。

陕北国民军前敌总指挥署执法官　宋希贤

宋国模

　　一身系天下之重,公何遽死;

百世仰英名而立,民具尔瞻。

山东　宋国模

宋哲元

(一)

慈善似林肯,智勇似恺撒,坚贞似拿破仑,读遗嘱数言,凛凛然有生气;

诞生在粤东,薨世在冀北,光荣在全世界,莫生刍一束,怅怅乎其何之。

陆军第十一师长　宋哲元

(二)

开中国新纪元,其事千古,其名千古;

与卢梭相辉映,泰西一人,泰东一人。

陆军第十一师长宋哲元率全师官兵

宋德坚

先生崛起南中,奋七尺躯扫荡数千年专制毒焰;

义众云屯燕京,洒两行泪悲哀亿万载共和元勋。

宋振榘

革命尚未成功,是先生临终遗憾;

同志仍须努力,辅前哲未竟勋名。

宋楫先

冠盖满京华,胡令斯人独不愁;
江山有巴蜀,遥怜故旧永余哀。

宋楫先(1874—1936),四川重庆人。历任国立四川成都师范大学校长、公立北平蒙藏学校校长、中国国民党四川省党部执行委员等职。

辛海臣

奉军命尽职权,生无愧怍;
保国民拓板图,死亦光荣。

陈义

民国一人,至死不忘主义;
吾党同志,相期共底成功。

陈义(1900—1974),浙江富阳人。1935年后任中央大学教授兼博物系主任。

陈中

生未忘斯民,佛为一大事而出;
殁可祭于社,圣言三不朽在兹。

陈炳

墓道与孝陵毗连,血化千年征同志;
乡邦为叛党蹂躏,魂归五岭犹伤心。

山东　陈炳

陈煊

仗履久追随,所恨侍疾未能,凭棺不及,万里感迢迢,岂仅
独临风洒泪,痛断肝肠,凄咽亿前盟,北望燕云伤后死;

精神虽存在,唯叹慈颜莫睹,温语无闻,寸衷长耿耿,最难
堪落月兴怀,愁萦魂梦,凄凉思遗爱,夜来春雨泣先生。

广东　陈煊

陈劲

民国一人,遽捐馆舍;
中华五族,顿失明星。

赣章　陈劲

陈韬

排除专制,缔造共和,使君为天下英雄,旌兹不朽;
踵武列宁,追踪华父,建国竟先生遗嘱,继起何人。

胶澳商埠警察厅厅长　陈韬

陈宧

禅贤仍再出,尽瘁宣劳,增尧舜未开之变例;

抚椠独三叹,重民废约,只中华无福以成功。

陈宧(1869—1943),湖北安陆人。1913 年任四川巡按使,后晋封毅威将军。1915 年奉袁世凯命令督理四川军务。1916 年宣布四川独立,通电反对袁世凯称帝。

陈乾

民国之母,民国之父;

党魁其亡,党魁其谁。

陈璋

壮志可参天,创中华五千年未有雄图,乾坤展骥;

奇功涵大地,增世界廿四史空前特色,璀璨如虹。

湖广旅京同乡业会会长　陈璋

陈婴

友有黄兴,敌有袁世凯,殊途同归,复有蔡锷,休论天下英雄,十年之间已如一梦;

言似卢骚,行似华盛顿,抑强扶弱,不似列宁,试看民国历史,先生而外更有何人。

励平　陈婴

陈彝

六十年注重民生,革命贯始终,万世共和酬志愿;

八千里来参国是,因时知损益,五权宪法见精神。

陈纁

名世五百年有两中山,革命数元勋,后人尚使前人畏;

民国十四载凡六总统,盖棺征定论,争位何如让位贤。

河南淇县知事　陈纁

陈锐等

善后岂徒然,眼看军阀横行,问伊谁放牛归马;

同盟今已矣,愿与国民相见,维先生沥胆披肝。

宁乡　陈锐、伍琦勋

陈一羽

前不见古人,后不见来者;

下则为河乐,上则为日星。

陈少白

失败云平哉,行道期百年,唾弃小就,力赴大同,虽在颠沛中,弥留中,未尝少懈;

留俗今已矣,人世垂册载,驱策群雄,招徕多士,为问真知己,真同志,究属阿雄。

陈九韶

在国家是创造共和元老,在世界是灌输主义伟人,华盛列宁合为一身,岂仅鼎足间后先相并峙;

于五权见政治建设之精,于三民见社会革命之大,黄兴蔡锷得其一体,遂附旗帜下奋斗而成名。

陈九韶,湖南郴县人。1913年被选为众议院议员。

陈开源

杀掉几颗恶头颅,来祭英灵,强似挽诔;

练就一番好身手,去除魔障,胜于唬啕。

山东　陈开源

陈凤韶

以斯道觉斯民,劳之徕之辅之翼之匡之直之,皞皞乎不可上矣;

据于德依于仁,博也厚也高也明也悠也久也,荡荡乎无能名焉。

广东　陈凤韶

陈去病

题榜铭碑,慈母累承褒大节;

南舣北驾,不才空自怨三生。

陈去病(1874—1933),江苏吴江人。1922年任孙中山北伐大本营前敌宣传主任。国民政府时期曾任江苏革命博物馆馆长等职。

陈尔宗

建国有经纶,三民五权遗后死;
中流失砥柱,九州四海哭先生。

宿迁埠子集集董　陈尔宗

陈民钟

世界苦阶级不平,伐罪吊民,方期大志克伸,永垂谟烈;
吾党为主义奋斗,出生入死,孰意全功未竟,顿失凭依。

广东　陈民钟

陈玉珂

奔走五大洲,战胜过淫威,战胜过强权,竟战不过区区病魔;
辛苦四十年,忘却了生死,忘却了富贵,只忘不了芸芸民众。

留日滇南　陈玉珂

陈世瑞

镇粤已多年,屡整旌旗思北伐;
居京才几日,一天云雾怅西归。

耀县二支队三团补充连连长　陈世瑞

陈兆蘅

抱定改革宗旨,进行四十年,无愧先知先觉;

力筹建设大纲,著述千万语,要皆为国为民。

丹阳　陈兆蘅

陈同纪

举国失元勋,革命精神留万古;

同盟追往事,伤心涕泪泣千行。

陈同纪,广东新会人。1914 年任四川夔关监督。1915 年调任重庆关监督。1926 年 1 月任财政部公债司司长。后任财政善后委员会委员。

陈光谱

辨才擅庄孟之雄,愿力具孔佛之毅,倡三民主义,立五权宪法,综中国上下四千年,无此人杰;

意志较拿翁尤强,让德配华氏尤美,打破旧专制,创建新共和,数世界纵横九万里,唯我先生。

陈光谱,安徽宣城人。1913 年当选为众议院议员。1925 年任安徽省实业厅厅长。

陈邦彦

赫赫厥声宛其死矣,瞻彼中原乱靡有定;
济济多士于以奠之,嗟尔君子贲然来思。

浙江浦江县知事　陈邦彦

陈谷岑

大业定中华,长共五色国旗,千秋万古;
海天谈往迹,难忘册年苦志,九死一生。

无锡　陈谷岑

陈希豪

三民五权承前泽,
继往开来仗后生。

山东　陈希豪

陈扬祺

世有先生,遗大投艰民自立;
谁能继起,悲今吊古事难知。

福建　陈扬祺

陈扬镳

四十季心血染成共和,丰功未竟,陨灭明星,回首河山增感慨;

153

千百折肺肝集为痼瘵,哲人其萎,徘徊大地,满天风雨大凄凉。

陈扬镳,福建闽侯人。1925 年任北京特别关税会议中国专门委员。1927 年任国民政府参事兼南京海关监督、陆军第四十四师顾问。1929 年任国民政府考试院参事。

陈廷谔

卢骚耶,列宁耶,生后生前,及其成功一也;
三民乎,五权乎,大经大法,伊谁与归哀哉。

松江　陈廷谔

陈廷训

废帝去,漫云革命成功,撒手人间,遗嘱昭垂光日月;
活佛来,合是欢迎特使,归真天上,英灵不昧寿山河。

桂林　陈廷训

陈金铭

国而忘家,历经卅载劳动直吐出心肝乃已;
民则为贵,抱定一生志愿即登高兜率无抛。

陈金绶

革命成功,有约法无宪法我公遗恨;
推翻帝制,开数千年古国之新纪元。

陈宝泉

先生是中华模范人物，
伊谁属当代继起英才。

陈宝泉(1874—1937)，天津人。1912 年被教育部任命为北京高等师
范学校校长。1920 年调任教育部普通教育司司长。1922 年任中华教育
文化基金委员会委员。1923 年任教育部教育次长兼普通教育司司长。
1929 年任天津市政府参事。1930 年任河北省政府委员兼教育厅厅长。

陈国玺

孔孟治国，仁而已矣，义而已矣；
汤武革命，誉者听之，毁者听之。

重庆　陈国玺

陈国深

革命集大成，上继中天遗象武；
渡河胡竟死，遍教万古引箜篌。

陈洪道

五千年专制推翻，看觉罗氏后，有谁再帝；
九万里民权澎涨，除华盛顿外，唯公一人。

陈洪道，浙江温岭人。曾任浙江省法院院长及都督府秘书长、护法
国会参议院议员。

陈贵三

岂中国殆将亡乎,革命未成,遽夺导师亏一篑;
劝同志且莫悲看,先生虽去,尚留主义付我侪。

松江　陈贵三

陈造新

三番北伐未竟全功,章贡苦沦胥,倒悬空切来苏望;
十载南游服膺主义,元良悲丧失,抚剑难忘易箦言。

修水旅粤党员　陈造新

陈爱尘

为革命领袖,作群众导师,为国为民,死犹不死;
饷千秋俎豆,亦一代英雄,来歆来格,神乎其神。

公民通讯社社长　陈爱尘

陈调元

局创四千年,乃真事业;
名驰九万里,是大英雄。

第四师师长　陈调元

陈调元(1886—1943),河北安新人。曾任北洋陆军旅长、江苏淮海镇守使、皖军总司令。1927 年后,历任国民革命军军长、安徽省政府主席、第一集团军第二军团总指挥、山东省政府主席等职。1932 年任国府委员,1934 年 12 月任军事参议院院长。

陈叔寅

一身系天下安危,外患内忧,未了暮年心事;
册载在人间奋斗,威名硕德,永为后世仪型。

无锡　陈叔寅

陈树藩

与先生仅得一面缘,握手殷勤,共期许国;
以匹夫而负天下责,鞠躬尽瘁,论定盖棺。

陈树藩(1885—1949),陕西安康人。1912 年后,任陕西陆军第三混成旅旅长、陕南镇守使、陕西护国军总司令、陕西督军兼省长。

陈树樟

由广东而北,恨国家未奠,革命无成,竟遽俎色辰胡天不吊;
自盘古迄今,知天下为公,匹夫有责,数出类巨子舍公其谁。

陈素白

有李宁才,抱甘地志,三十年险阻备尝,勋业不磨公不死;
以诸葛心,遗汝霖憾,四百兆艰难同哭,国家谁拯我谁依。

阜阳霍邱　陈素白

陈匪石

我欲上叩苍穹,世界如斯,中国如斯,胡不慭遗一老;

157

试与遍稽青史,揖让无数,征诛无数,问谁独有千秋。

陈楚南

革命未成,先生遽逝;
建国之责,同志须追。

陈登高

盟联东岛,命受南都,效驱驰于一生万死之中,恍如隔日;
功盖列宁,绩追阿曼,建事业在骋帝趋王而外,独有千秋。

陈峻云

经六十载风霜,南北东西,一齐崇拜;
数四千年人物,帝王将相,都让光荣。

参议院议员　陈峻云

陈俊三

少时立志后中原,效汤武兴问罪义师,长留千万年民国纪念;
晚岁同情于共产,继列宁倡解放弱族,岂特四百兆华人讴歌。

陈裕光

革命一生成腐宁论;
精神不死功业谁继。

陈裕光(1893—1989)，原籍浙江鄞县。1922年后，任国立北京师范大学理化系系主任及代理校长、私立金陵大学化学系有机化学教授、私立金陵大学校长、中国化学会第一任会长。

陈培祖

五权三民，皆为群众；
千秋万世，不忘先生。

吴江　陈培祖

陈陶遗

为中华民国开新建元，大名宇宙，谤亦随之，唯其宽能容物，忍克有功，青史赞殊勋，两事绝人足千古；

自海外逋亡修士相见，万变烟云，翩其返尔，敢谓同心如金，攻错若石，秣陵怀往迹，中宵抵掌忆当年。

上海　陈陶遗

陈陶遗，江苏金山(今属上海)人。1912年任考察欧美实业专使。1925年12月至1926年12月被孙传芳任命为江苏省省长。

陈琢如

是大英雄，肇基驾威列而上；
论真革命，奔走在黄蔡以前。

陈蔚文

立天之极,张地之维,合汤武为一人,功在千载名在千载;
视民若伤,行义若渴,痛国家于破局,生不无涯死也无涯。

沪商　陈蔚文

陈庸盦

正气薄云霄,虎踞龙盘,高冢近依明社稷;
大名垂宇宙,今来古往,灵旗长护汉山河。

上海　陈庸盦

陈潜夫

为国垂四十载,尽瘁鞠躬死而后已;
宅心无纤毫私,青天白日允其似之。

重庆　陈潜夫

陈锦涛

创建共和,推翻专制;
后无来者,前迈古人。

陈锦涛(1871—1939),广东南海人。1912 年 1 月任南京临时政府财政总长。1916 年任段祺瑞内阁财政总长兼盐务署督办。1920 年 5 月任广州军政府财政部部长。1925 年任段祺瑞和许世英内阁财政总长。后任清华大学经济学教授。

陈震福

匹夫不可夺志，
千古自有定评。

鄞县　陈震福

陈文亭等

推倒专制，建设共和，为上下千年纵横万里，别开世界；
钜功未竟，大星忽陨，读三民政策五权主义，悲动寰瀛。

暂编陆军第三师步兵旅第十二团第二营营长陈文亭率全官佐目兵夫

陈文祺等

大陆风云遇，奋斗愈有精神唯公健者；
仲尼日月达，目的不择手段是何言欤。

陈文祺、邓文彬

陈金芗等

不居功，不贪钱，不娶妾，尝胆卧薪，成就千秋人物；
为主义，为国家，为民生，赴汤蹈火，开拓万古心胸。

上海　陈金芗、陈培亮

陈祖光等

主义不磨，英灵常在；

星沉京国，哀动环球。

陈祖光、韩树栋

陈祖烈等

功成不居，公为商履再生，无其惭德；
世难未已，我望耶稣复活，护此信徒。

陈祖烈、朱观玄、朱胜芬

陈祖烈，福建闽侯人。曾任护法国会参议院议员。

邵力子

举世崇拜，举世仇恨，看清崇拜或仇恨是些什么人，逾见先生伟大；
毕生革命，毕生治学，倘把革命和治学分成两件事，便非吾党精神。

邵光钊

五族告共和，滚滚长江，流勿尽无量英雄无量血；
一病竟不起，茫茫大地，谁争个自由民国自由魂。

无锡　邵光钊

邵修文

痛除唐宋元明清专制，开民主先声，盖世称雄，可壮千秋传纪；

忍抛汉满蒙回藏共和,赴天曹胜会,英灵如在,当知百姓悲呼。

邵镜人等

与异种争,与异志争,曾殚尽一片苦心,尼父有灵无妨问知我罪我;

尚民族战,尚民权战,虽牺牲许多热血,董狐不死究竟是生人杀人。

南京法政大学 邵镜人等

邵镜人(1899—1972),江苏宿迁人。历任江苏省政府徐海行署秘书处处长、江苏省淮南行署秘书长、宿迁县参议会议长、国民政府立法院立法委员。

张根

妙思天造,弭节安怀,感公汲引抠扉痛毒瘴蛮烟,珠海同舟惊噩梦;

创业未半,中道崩殂,恨我归迟岭表感素车白马,人寰齐唱挽歌词。

咨议兼广东大学教授 张根

张弧

只手挽乾坤,三民主义达其一;

精诚贯日月,五洲人物孰与京。

张弧(1875—1937),浙江萧山人。历任北洋政府长芦盐运使、两淮盐运使、财政次长、侨工事务局局长、财政总长兼盐务署督办等职。

张坚

带疾入京华,以国事为怀,不惜牺牲殉一己;
平生箸伟绩,唯同胞是念,临终遗嘱说三民。

无锡　张坚

张梓

志决身歼,死而后已;
人亡国瘁,吾将安归。

张轸

推翻专制历史,独为革命导师,伟烈丰功直驾秦皇明祖而上;
扶持弱小民族,抵抗帝国主义,平等博爱当在列宁林肯之间。

张轸(1895—1982),河南罗山人。抗日战争初期任豫北师管区司令。1938年后,任国民党政府军陆军第一一〇师师长、第十三军军长、中国远征军第六十六军军长、国民党第五绥靖区司令兼河南省主席、国民党第十九兵团司令官。

张骏

君乃勇于义者,以公益为怀,不恤殚劳一世;
人固无如天也,奈老成长谢,只留遗爱千秋。

张瑞

为廿二省革命元勋,所期必达,有志竟成,寰宇正倾心,地胡不遗此一老;

持十三年流血主义,阴晦虽明,风波未静,疮痍犹满目,公奈何弃尔兆民。

察哈尔集宁县公款经理所所长　张瑞

张藩

帝制削除,建立民主,际此中原扰攘责有攸归,尽瘁已一生,创业未终,正恃施恩济群众;

春申共事,备承谠言,更荷手谕频颁宠委兼职,追随曾半载,遗型尚在,那堪挥泪哭伟人。

松江　张藩

张钺

功盖衰宇,千古馨香垂史册;

威著中外,盖国钦仰亦同哀。

张钺(1892—),河北献县人。1930 年后任山东省政府委员、讨逆军第一军总指挥部参谋长、鲁豫清乡督办公署参事厅厅长等职。

张鸿

历富贵贫贱威武之遭,不淫不屈不移,独具道心酬万变;

自尧舜禹汤周孔而下,立言立功立德,别开生面足千秋。

江苏全省水陆警备总师全部第三科科长　张鸿

张澍

　　能革命能建设,又能禅让,溯中国历代英雄,若汉高秦始皇周发商汤都嫌专制;

　　有学说有主义,更有事功,数世界著名作者,合卢梭华盛顿林肯列宁萃为一人。

锦县　张澍

张璧

　　奋斗积卌年,功成弗居,公是人中真俊杰;
　　勋名垂万古,志赍以殁,我为天下哭先生。

　　张璧(1885—1948),河北霸县人。1924年任京师警察总监。九一八事变前后,组织便衣队进行扰乱。抗战胜利后,被捕入狱。

张鹏

　　持三民主义,求真正共和,只手挽河山,缔造维艰,胡不吊昊天,难遗一老;

　　无片语及私,唯条约平等,此心同日月,守成非易,所责在后死,哀我惸人。

　　张鹏(1876—1966),江苏镇江人。历任江苏都督府警务处处长、镇江县长、江苏省第一区行政督察专员。

张一气

泰山其颓,吾将安仰;
邦国殄瘁,人之云亡。

广西省省长　张一气

张一气(1878—1951),广西平乐人。1924 年任广西省省长。1937 年后任广西省政府高等顾问。

张人杰

粤东话别倏届七年,溯我公组织同盟,鼓吹革命,推翻帝制,创建中华,三民五权,河岳日星同不朽;

燕北欢迎才逾两月,怅小子身羁病榻,神系行辕,肠断九回,缘悭再面,千愁万绪,姘幪覆载痛难名。

张人杰(1877—1950),即张静江。浙江吴兴人。曾国民党"一大"中央执行委员、为国民党"二大"中央监察委员、国民党中央执行委员会常务委员会主席、浙江省政府主席等职。

张乃恭

主义在三民,为四百兆同胞所爱戴;
悲声动八表,极五千年历史之荣哀。

张之江

国丧元勋,民悲先觉;

167

公贻明训,群策后尘。

张之江(1882—1966),直隶省(今河北省)盐山人。1926 年后,任西北边防军督办、西北军总司令、国民党政府委员、全国禁烟委员会会长、南京国术馆长等职。

张子朴

失败一次,成功一次;
主义千秋,民国千秋。

张士瑄

羞将王号侪刘季,
剩有民权拟列宁。

江夏　张士瑄

张元群

垂泪遗言,犹道三民主义五权宪法;
盖棺定论,皆曰千秋伟业万古奇人。

张文兴

(一)

东南大陆尚有啼痕,一统未成目终不暝;
今古英雄同声大哭,众生仰望魂兮归来。

（二）

宏愿几曾酬,救国壮心闻四海;

大名终不朽,盖棺终论付千秋。

张开铭

手创共和震惊寰海,旷观中华大地,称品称才称眼光,先生以外堪谁数;

指导群众改建家邦,翻阅世界史乘,有为有守有主义,列宁而后只斯人。

张兆丰

中土有奇男,发明三民首创五权,能使我黄帝子孙共享自由幸福;

英魂返天国,名流百世泽及全球,甚愿彼青年志士继承革命功勋。

直隶省临时执行委员　张兆丰

张兆丰(1890—1930),直隶(今河北)磁县人。历任中共顺直(今河北)省委委员兼军委副书记、北方局军委书记。

张守谦

倒君主专制,薄天子不为,地下知心华盛顿;

视国家兴亡,谓匹夫有责,生平先觉顾亭林。

按:顾亭林,即顾炎武。

张印相

衡岳云兴,大泽及天下;

上台星陨,遗爱遍中华。

张有诚

驱异族,建共和,天下为公,其功业,驾汉明两代而上;

崇三民,倡五权,立言不朽,论学识,视孔孟二氏何如。

无锡同盟会员　张有诚

张华兰

廿载结同盟,公为其外,我为其内;

三民传主义,生能立事,死能立言。

张宗昌

除五千年专制,惊天破石;

扬三万里盛名,震古烁今。

张志宽

天上坠星辰,万里云山同惨淡;

人间迸寒雨,三军笳鼓共悲哀。

暂编陆军第一师炮兵团第二营营长　张志宽

张作霖

读遍中华廿四史,讵少英豪,扫清君子淫威谁曾倡首;
唤醒同胞亿万人,弥留付托,抱定民生主义死不灰心。

张尧卿

公真做到千秋不朽,浩气常存,矧遇害于伦敦,出亡于日本,受迫于珠海,四十年坚苦卓绝,终始弗渝,卒赢得铁血成功,河山再造,疮痍满目,犹力疾为民,国内正蜩螗,忍与列宁同撒手;

我愧未为万骨之枯,余生何补,即幽囚在湘楚,被刺在春申,鏖战在金陵,经几多次险阻艰难,牺牲罔恤,实只望鞠躬尽瘁,肝胆论交,毁誉无端,而独行其是,与中铭誓约,愿如豫让报知心。

张传一

奔走逾四十年,事多垂成而败;
哀荣遍九万里,人虽已死犹生。

山东 张传一

张我华

合尧舜揖让,汤武征诛,历史溯五千年,唯公独开新局面;
兼华拿功名,孔孟仁义,人群数四百兆,问谁能继旧规模。

张我华(1886—1938),安徽凤阳人。1917年后,任广东大元帅府咨议、全国烟酒事务署署长、国民政府外交部条约委员会委员、外交部常任次长等职。抗日战争爆发后,组织抗敌后援会。

张阶平

革命尚未成功,悲夫;
同志仍须努力,勉哉。

山东　张阶平

张寿彭

一代声名孰与比伦,举历史所传,如公绝世奇才直空前古;
三民主义正资发展,痛昊天不吊,使我中华革命遽缺伟人。

湖北　张寿彭

张国元

奉天伐暴,汤武所惭,恐后世口实或贻,成功不妨一去;
博施济众,尧舜犹病,虑生民国难未已,抵死也应重来。

张国元(1890—1956),广东合浦(今属广西)人。1927年后,任第八路军总指挥中将高级参谋兼黄埔军校高级班主任教官、武汉国民政府国民革命军总司令部军务处长、任第一集团军总司令部办公厅主任、广东第八区行政督察专员兼保安司令等职。

张绍曾

溯元二坚贞,沪海飞凫,慷慨共谈天下事;
留三五主义,辽城归鹤,功名都付后来人。

张绍曾(1880—1928),直隶(今河北)大城人。1916 至 1922 年先后任北洋政府陆军训练总监、陆军部总长。1923 年任国务院总理。

张贻惠

与豪杰二三人出死入生,首伸大义众难而公易,故曰:行之匪艰,易箦赠言,努力唯呼同志;
使群伦四百兆沦肌浃髓,尽解共和似易而实难,故曰:知之匪易,临终遗憾,革命尚未成功。

张贻惠(1887—1946),安徽全椒人。历任国立北京高等师范学校、国立北京大学、私立辅仁大学教授、国立中央大学教育处处长、国立北京师范大学校长、国立北平大学工学院院长。

张贻侗

立功宁避位而不居,忧时则危身以己任,主义昭然,旷千古称巨擘;
共和为先生所创造,遗爱与民国同始终,精神永驻,作万世之良师。

张砚耕

创造共和,勋名光青史;
一病不起,哀痛到黎民。

张祖荣

为开国总统,为革命元勋,先生尽瘁鞠躬,死而后已;
是三民主义,是五权宪法,后起继志述事,责有攸归。

广东　张祖荣

张宫午

三代下无此完人,把帝制推翻,只凭却一片丹心两只赤手;
一霎间丧兹此老,正国步方艰,谁作那中流砥胜万里长城。

耀县中部劝业所　张宫午

张若柏

军阀忌公,党贼叛公,帝国主义者又迫公,公竟忧伤病沮,
革命未成亏一篑;
嘉言诏我,懿行式我,实践精神之尤起我,我虽固陋力微,
自强不息慰九泉。

上海　张若柏

张秋白

自中国有史以来,上下五千年,鲜此伟人,汤武不能媲其烈,孔佛不能媲其仁,谨综厥一生奋斗,维立言立功立德,开物成务,千古楷模垂宇宙;

丁欧洲大战之后,纵横九万里,谁为主宰,英法未尝无是心,俄普未尝无是志,但须遵三种原则,曰民族民权民生,扶倾定危,万邦黎庶仰神明。

张秋白(1887—1928),安徽蒙城县人。1923年1月任中国国民党本部交际部长。1924年当选为国民党"一大"候补中央执行委员。1927年后,任安徽省政府委员、建设厅长、南京国民政府建设委员会委员。

张家桢

学副天人,望隆四海;
名高汤武,功在千秋。

豫陕甘剿匪总司部副官长 张家桢

张荫棠

富有独立性,绝无依赖心,时势造成,乃大英雄本色;
理论作先锋,民气为后盾,艰危挽救,是新中华一人。

张荫棠,广东南海人。1909年任清政府外务部左丞。后任出使美国、秘鲁、墨西哥、古巴大臣。1914年出任参政院参政。

张桢世

当代几完人,看砥柱狂澜,独赖中流有此;
救时多志士,慨金戈大地,克收残局其谁。

众议院议员　张桢世

张恩绶

气概冠群伦,提三尺剑,掉三寸舌,光汉族定共和,艰险辛劳卒成伟大事业;

英名震寰宇,统十万师,护十年法,张民权除暴力,坚忍卓绝应有不灭灵魂。

张恩绶,河北深县人。1913年,被选为众议院议员,并任北洋法政专门校长、北洋法政学会会长、京兆地方自治研究所教员等职。

张浚民

三民作纲,五权定制,由军政训政而进宪政,谁为建设无方,立国允为不易法;

阴谋相习,跋扈弄兵,因愚民抑民以至残民,斯岂革命之过,先生深慨未成功。

张维汉

推翻专制,创造共和,功业震寰球,唐虞揖让不足奇,汤武征诛不足道;

天下为公,民生所重,宪纲垂宇宙,马克学说无此大,列宁主义无此精。

张维玺

公真健者三十载艰苦备尝,总替苍生请命;
侯其祎而四百州文明重启,大为赤县争光。

暂编陆军第二师步兵第四旅旅长　张维玺

张谨雯

推翻专制,创造共和,伟绩著寰中,志行足方华盛顿;
宪揭五权,义标三民,遗书传海内,党纲远胜苏维埃。

张瑾虔

铲帝制倡民权,江户聆高谈,鼎改群推先觉者;
讲大同争平等,弥留垂名训,奋斗痛嘱后来人。

张慕贤

为国家为人民,奔走逾册载,志终不挠,公真健者;
倡主义倡革命,护法十四年,功虽未竟,群仰遗徽。

南通纺专学生　张慕贤

张瑞麟

国事正艰难,三民政策,南北共推更始;
大星陨宇宙,元勋崩折,军民同悼悲哀。

张瑞麟(1904—1980),江苏宜兴人。1928年后,在中山大学任教。1935年,其精心制作孙中山半身及全身姿铜像各一尊,被国民政府采用。

张鸿俵

前无古人,后无来者;
其生也荣,其死也哀。

众议院善　张鸿俵

张福喜

世事正多艰,方期先生造时势;
贤豪今已渺,空令吾侪吊英魂。

张颐等

美雨欧风,铸为伟业;
泰山北斗,景此师资。

张颐、傅骕

张颐(1887—1969),四川叙永人。1924年后,任北京大学教授、厦门大学任教授兼副校长、四川大学教授兼文学院院长、武汉大学教授。

张耀曾

历史辟新元,经纬万端资后死;

蒸民知大道,洪荒一祖仰先生。

张耀曾,云南大理人。1913 年起历任众议院议员、云南都督府参议、北京大学法科教授。1916 年任段祺瑞内阁司法总长。1923 年后,任法律讨论会会长、上海中国公学社会科学院法律系主任兼教授、上海法学院法律系主任等职。

张翼鹏

改革起自那年,碧血黄花,岂料产无穷军阀;

魂魄怀些何事,青天白日,最难得后继党魁。

张翼鹏(1876—1944),湖南株洲人。1924 年 3 月被孙中山任命为帅大本营高级参谋、湘边宣慰使。后任北伐军前敌总指挥部参谋长、代理湖南省政府主席、第四集团军参谋长兼平汉线运输司令、国民政府军事参议院上将参议等职。

张鹏南

向来是很痛苦,现在还是痛苦,痛苦的原动力便是不平等条约;

徒有民国之名,没有民国之实,这种名不符实就是革命没成功。

张震南

(一)
革命领群贤,视吾乡陈姚宋蔡黄,同盟天上;

噩耗震全国,合民族汉满蒙回藏,齐哭先生。

(二)
革命尚未成功,先生何为遽死;

同志仍须努力,吾辈岂敢偷生。

张子善等

命何在乎穷通,总算是替国家养两间正气;

天讲什么善恶,竟不能与世界留一个完人。

蚌埠 张子善、李家政

张汝奎等

天上大星沉,万里云山同惨淡;

人间寒雨迸,三军笳鼓同悲哀。

暂编陆军第一师第一旅第一团团长张汝奎率团部官佐目兵夫

张知竞等

吾川得风气之先,追维路事争潮,创立共和推首难;

同志毋哀思而止,继续国民革命,须从奋斗学先生。

重庆 张知竞、何星辅

张知竞(1877—1940),四川云阳人。1912年,重庆蜀军政府成立,任司法部部长。复被选为第一届国会众议院议员。1921年,被四川督办兼省长刘湘聘为政府顾问。1937年,组织中华民族抗建互助社。

张时新等

革命未成功,是先生临终恨事;
主张期实现,愿后人毋负遗言。

张时新、张静生、张景新、劳鉴心

张廷辉等

革命元动,撼千百年而不朽;
归真京邸,合亿万姓以同悲。

福建　张廷辉、张胜辉、张克波

张鸿藻等

争回四千万方里,开国元勋,正当花甲才过,气拥山河添壮色;
唤起五百兆同胞,为民首领,竟把艰辛历尽,魂飞宇宙耀寒芒。

张鸿藻、鄢鹏云

张麟祥等

生前与华拿为俦,誓以民权新宇宙;
地下偕宋黄握手,那堪重话旧河山。

暂编陆军第一师二旅四团二营营长张麟祥率全体官兵

邹维藜

革命未竟全功,弥留声中呼奋斗;
民权已布方策,暗黑潮里见光明。

邱令文

煮酒论英雄,四海纵横,公与列宁同不朽;
凭棺仰风采,一生任侠,我知墨子最相亲。

北京交通大学学生　邱令文

邱立麒

英雄造时势,举国人才输一着;
只身支大厦,安邦主义在三民。

灌云　邱立麒

邱立麒(1903—1984),江苏海州(今连云港)人。曾任江苏省泰县县长、江苏省扬州行政督察专员兼区保安司令。

杨元

以革命生活,领民党奋斗,百折不挠,自是英雄本色;
创三民主义,倡五权宪法,励精图治,洵为政学名家。

上海法政大学学生　杨元

杨度

英雄做事无他,只坚忍一心,能全世界能全我;
自古成功有几,正疮痍满目,半哭苍生半哭公。

杨度(1874—1931),湖南湘潭人。1914 年任参政院参政。1915 年组设筹安会,策划恢复帝制。1922 年追随孙中山,加入国民党。1929 年加入中国共产党,以秘密党员身份坚持党的工作。1930 年加入自由大同盟。

杨铨

先二百年独创名言,视孔仲尼、马克思、卢梭,皆如无物;
后廿四史别开生面,合朱元璋、华盛顿、列宁,而为一人。

杨铨(1893—1933),字杏佛。江西玉山人。1924 年任孙中山秘书。1928 年任中央研究院总干事。1932 年参与筹备组织中国民权保障同盟。

杨彪

推翻四千年专制,百度维新,正为同胞谋福利;
创造五大族共和,壮怀未竟,倍伤吾党丧元良。

陕西耀县总指挥　杨彪

杨大实

光复旧物,肇造共和,如此大勋夐古少;
民众匪康,国基未固,完公遗志后贤多。

按:夐(xiòng)古:远古之意。

杨士香

东海溯游踪,记曾为国驰躯,风雨同舟聆伟论;
南中惊噩耗,都道因民劳瘁,云天翘首哭元勋。

杨义鸣

革命未成功,帅星遽陨,问宇宙何人能补此河山破碎;
伤心开悼会,民国何依,吊东风奇杰真堪令中外悲哀。

建国粤军第七旅第一支队司令　杨义鸣

杨以德

革命岂忘心,只知有国,不知有家,大义常昭垂万古;
遗言尚在耳,虽死之年,犹生之日,英灵未泯获三民。

杨礼约

生平宗旨,唯三民五权主张,四十年国事忧勤,一木竟难支大厦;
盖世勋名,应万世千秋不朽,廿二省时艰杌陧,群流谁克奠中原。

杨永泰

至大至刚,贫贱不移,威武不屈;
是则是效,虽死之日,犹生之年。

杨永泰(1880—1936),广东茂名人。1912 年任中华民国临时众议院议员。1917 年后任护法军政府财政厅长、广东省长、国民党豫、鄂、皖三省"剿匪"司令部秘书长。后任国民党政府湖北省主席。1936 年兼湖北省保安司令。

杨汝梅

民为贵,君为轻,声名洋溢乎,中国施及蛮貊;

仁不爱,勇不惧,书曰丕承哉,武烈佑启后人。

杨庆銎

中华不曛此共和,责在后死矣;

民族一跃而建国,敢忘先生乎。

杨庆銎,河北枣强人。1913 年后任天津洋务局会办、济南警察厅长。1915 年任济南道尹兼外交部特派山东交涉员。1917 年 12 月转任江西财政厅长。1921 年 5 月任江西省长。

杨时杰

强权张,公理灭,虎豹犀象横行,顿教八表同昏降此大侲;

梁木坏,泰山颓,猿鹤虫沙历劫,争奈万方有罪歼我元良。

杨时杰(1881—1956),湖北沔阳人。民国后,当选为众议院议员,创办《国光新闻》。1915 年在汉口创办《大中华日报》,反对袁世凯称帝。1919 年为南北议和代表。1932 年任国民党惩戒委员会委员。

杨学颖

公志在建设,破坏固为素愿,共产亦非本怀,半世苦衷,痛哉,盖棺论未定;

国事正纠纷,统一既感艰难,联治尤虞割据,为民请命,嗟乎,来者责奚辞。

杨孝斌

斯世失人豪,几疑天欲忘中国;
以身殉主义,谁导民生致大同。

杨宗沅

一病莫起,九仞功亏,愿当代英豪,休忘后人责任;
五权能伸,三民自立,沥毕生铁血,造成祖国共和。

杨定襄

哲人其萎,邦国殄瘁;
主义不死,典型常存。

杨希闵

（一）

大地殒星,遗训敢忘属纩日;
东山零雨,英灵想见满旗风。

（二）

起匹夫首倡革命，肇造我新邦，仁如天，智如神，盛德难名，当与此土河山同寿；

合群力以奉贻谋，敢忘予后死，质在旁，临在上，大勋终极，仰慰先生陟降之灵。

杨希闵(1886—1967)，云南宾川人。1922 年任滇军第三旅旅长、代理滇军总司令。后被孙中山任命为西路讨逆军滇军总司令。

杨春芳

地坼天崩，剧摧国老；
椎心泣血，哭震人群。

四川陆军第四师长　杨春芳

杨绥之

自三角联盟究竟可算成功，甫抵都门身胡遽殒；
虽四方多故不问如何结局，将来史册公总留名。

青岛市民公会评议长　杨绥之

杨铁如

数千载陈迹推翻，九万里妖氛扫尽，抵抗帝国压迫，打倒资本侵略，恢复国际平等，霹雳一声，英法日美意惊寒肝胆，列宁何敢伦比，丰功伟烈震中外；

四百兆导师虽失，廿世纪景运初开，创造三民主义，提倡

187

五权宪法,标榜民族自决,貔貅十万,湘赣滇桂豫气奋霞飞,斗牛差堪仿佛,卓识壮怀冠古今。

湖南　杨铁如

杨荫乔

呜呼先生,民困未苏,奈何死矣;
吁嗟中国,元勋据殒,能不哀哉。

上饶　杨荫乔

杨树庄

先知先觉,
为国为民。

杨树庄(1882—1934),福建闽侯人。1927年任国民革命军海军总司令,并当选为国民政府委员。同年7月兼任福建省政府主席。1929年当选为国民党三届中执委委员。同年任海军部上将部长、国民党中央政治会议委员等职。

杨振铎

知之维艰,行之匪艰,就这句主张在千秋万岁后想来仍当点首;
悲亦无益,哭亦何益,倒不如奋起向三民五权上做去庶慰幽魂。

杨钟健

三十年尽瘁国事,艰苦备尝,照此等人物,其思想,其行

为,其做事精神,而今有几,我为中华垂涕泪;

四万里大好河山,疮痍满目,问大局前途,对强邻,对军阀,对一切恶魔,靠谁铲除,公在泉下有遗哀。

杨钟健(1897—1979),陕西华县人。1928年后,历任中央地质调查所新生代研究室副主任,北京大学、北京师范大学、西北大学校长。

杨绪昌

公非革命元勋乎,十四年竟致国乱民贫,建设未遑,麟出违时滋世诟;

我原南州下士也,三千里趋领谠言伟论,德音终寂,龙潜弗用惜人亡。

杨梦龄

赤血耳,黑铁耳,有俾斯麦之精神,革俾斯麦之专制;
三民耶,五权耶,继华盛顿而不朽,较华盛顿而尤难。

怀远 杨梦龄

杨梦弼

革命大功已成,革命实际未竟;
先生躯壳虽去,先生精神犹存。

杨庶堪

与公共十载,艰难受命之余,略存讽诵;

有史自千秋,盛业建国以往,不废匡襄。

杨庶堪(1881—1942),四川巴县人。1924 年 11 月任段祺瑞执政府的农商部总长,次年兼署司法总长。1932 年任南京国民政府委员、国民党四届中央监察委员。

杨绳震

革命维新,古今来第一人物;
天翻地覆,世界上无量牺牲。

杨道基

三民五权绪论,垂为新世纪;
一朝千古泪痕,尽在党人碑。

杨德甫

数千年牛马生涯,先生独能呼解放;
二七日牺牲死友,庆父未灭感同悲。

杨肇基

革命四十年,奋起风云,百折不回拼一死;
古国数千载,推翻帝制,毕生遗爱在三民。

杨毓衡

憾海总难填,瘁历年革命精神振不起国计民生,教人反为共和哭;
天心还未死,倘同志大家奋斗夺得转自由平等,于公方免九原悲。

江西　杨毓衡

杨赓笙

皈依将三十年,始闻知终见知,兹行隔风雨晦明,数月暌违千古别;

讴歌者四百兆,易君主为民主,此功媲禹汤文武,八音遏密万方同。

杨赓笙(1869—1955),江西湖口人。1913年后,任江西省议员、江西讨袁军秘书长、国民政府军事委员会高级参议。1949年1月组织江西和平促进委员会,任主任委员。

杨瑾雯

推翻专制,倡导共和,伟绩著寰中,志士行足方华盛顿;
宪揭王权,义标三民,遗书传海内,党纲谋远胜苏维埃。

杨以庄等

撞自由钟,演出掀天揭地奇功绩;
树护法帜,完成绝后空前大伟人。

常熟　杨以庄、顾树春

杨礼约等

生平宗旨,唯三民五权主张,四十年国事忧勤。一木竟难支大厦;
盖世勋名,应万岁千秋不朽,廿二省时艰杌陧,群流谁克奠中原。

世乡弟杨礼约率侄子其森、保国、保民

杨程度纯

以只身而开五族新元,排众难建殊勋,世界有几伟人,竹
帛千秋,盖尽贤豪谋国策;

历万劫卒抱三民主义,志未终肩已息,天上若逢诸烈,梅
湖一役,请慰英雄死事心。

广东杨程度纯偕男添霭

陆定

因爱国而谋国际平等, 因爱民而主民生自由, 赤手挽狂
澜,正蒙豪情天日见;

非共和即有共产精神, 非革命即无革新方略, 至诚动金
石,丰功伟业古今无。

陆与棋

失此世界有数英雄,应使寰瀛同扼腕;
自是历史不朽人物,那堪五族共招魂。

陆仲安

欲竭微能,为天下留公,太息回天乏妙术;
仍遗硕画,替人群造福,伫看寰宇起悲思。

陆承金

使中国四千年帝制铲除,前无古人,后无来者;
将逊清三百载君权推倒,生而为英,死而为灵。

青岛电报局长　陆承金

陆宗赟

唯国贼务歼除,唯国权务确立,唯国法务拥护,两字力行唯救国;
为民族争平等,为民权争自由,为民生争解放,一生尽瘁为斯民。

松江　陆宗赟

郏克庄

凭手造三民五权,化被九州,声腾万国;
居心同青天白日,风高一代,名著千秋。

奉天东边道道尹　郏克庄

易显

创革命不朽之功,热血贯长虹,病到垂危呼奋斗;
值民权未伸之际,千钧悬一发,天胡此醉夺先生。

湖南 易显

易次乾

天地作则,民物为怀,救世矢忠诚,六秩垂衰犹奋努;
大业未成,斯文遽丧,同盟失向导,廿年回首益凄其。

易宗夔

沪渎接风仪,骥尾彰名,四海能传新世说;
神州犹板荡,龙头失望,三民全仗主人翁。

湘潭易宗夔率男权

易培基

祝死苍天,一群鼠窃狗偷,长留逝者终身憾;
妥白灵下,八代龙盘虎踞,应起拯元救国心。

易培基(1880—1937),湖南长沙人。1924年任黄郛摄政内阁教育总长。1925年任故宫博物院理事、北京女子师范大学校长。1928年任故宫博物院院长等职。

罗上霓

生荣死哀,二月十二,三月十二;
地灵人杰,钟山万年,中山万年。

众议院议员　罗上霓

罗正海

人哭先生死,我慰先生魂,幸遗策有书,继行有党,哪怕宵小弄权,军阀肆虐,拼尽青年热血,尽可扫荡无余,毅魄可宽怀,翘首九原看后进;

东凌中国弱,西辱中国野,赖大勇独前,孤忠独矢,顿使神州运转,民族气新,方期白发童颜,讵料仓忙逝世,薄海同追悼,生刍一束莫英灵。

江西　罗正海

罗思睿

推翻专制魔王,创造大中华民国,伟烈丰功,早已为历史上空前人物;

反抗帝国主义,取消不平等条约,苦心孤诣,真正是民族的解放先驱。

罗贤抡

遗群众三五主义,先生不死;
动世界万千悲哀,中国之光。

罗家障等

主国际平等,争民族自由,四十年奔走呼号,革命未成,讵
与苏联列宁德爱培尔,骑箕而去;

策时局治安,促军阀觉悟,八千里征尘劳瘁,壮猷莫展,竟
抱三民主义五权宪法,赉志以殁。

湖北 罗家障、陈柳芬

宗之骏

费许多创造工夫,矢志不移,但求五族无私,还我江山公共物;
尝遍了辛酸滋味,邦基未固,遽尔一朝长逝,有谁歌舞太平春。

常熟 宗之骏

宗之瑜等

生二十一纪波靡之余,由革命恢复旧山河,美雨欧风更国体;
弃四百兆人飘然而去,有遗言遍传今世界,江云海水尽悲观。

南通唐闸董事 宗之瑜、顾道生、徐广镕、张鉴清

庞方仁

数十年毅力苦心,只为苍生争一息;

千百世馨香俎豆,终教青史慰重泉。

暂编陆军第三师步兵第十一团三营营长　庞方仁

屈映光

作中岁民国第一任总统,五族平等,首奠新基,记当宝录征名载笔,幸从群彦后;

与临时执政十余年故交,四海横流,正资共济,何忆灵山圣会拈花,顿悟化人缘。

金少伟

扫除四千年有余专制,创造共和,裕民生,卫民族,振民权,黄帝子孙咸蒙幸福,所痛精神殉国,致损退龄,建设成功,磊落大星偏告陨;

回溯十三载以前旧纵,趋承使令,初赴粤,继赴苏,后赴澳,伯氏仗履并许追陪,迨后奔走地方,久疏亲炙,京畿刚展,觐凄凉蕰忽兴悲。

金企超

尧舜不为让,汤武不为功,历史五千年独开创局;

日月如其光,天地如其永,同胞四百兆恸丧导师。

长沙　金企超

金华林

先生真亘古一人,不孔不墨不释不耶,变四千年政局,独建共和,革命自成救世主;

贱子亦府门从事,适闽适桂适吴适粤,经六七载提携,忽悲永诀,招魂弥切楚骚哀。

大本营高级参谋陆军中将　金华林

金国珍

其革命精神,深符佐治,其反帝主义,极合列宁,四十年惨淡经营,丘也东西南北;

论国家依赖,有若栋梁,论个人品格,无殊金石,五百兆同声一哭,公真生死荣哀。

金鼎勋

以匹夫开两国兴亡,方为罪魁,方为功首;
仗空言使万人生死,乃大破坏,乃大成功。

金先伊等

伯夷之清,伊尹之任,孔子之时,斯兼三圣公真不朽;
泰山其颓,梁木其坏,哲人其萎,弗遗一老吾谁与归。

长沙　金先伊、金先健

范石生

作君作师,天生之歉,胡夺之速;
造党造国,人忌其能,终佩其诚。

范石生(1887—1939),云南河西(今通海县)人。1922年任驻粤滇军第二军军长。1927年任国民革命军第十六军军长。1929年任国民党政府军陆军第五十一师少将师长兼襄樊警备司令。

范龙光

燕京为旧制邦畿山川,重访风景,依然忆项城袁氏当权,岁月愈时数寒暑;
建业实肇基民国创造,生前流芳,死后与明帝孝陵同寝,古今革命两英雄。

范庆煦

革命已成功,公不死矣;
鼎新犹有事,谁其嗣之。

范莲青

先生宣劳国事,不治财产,谢世后只赢得两袖清风半囊书史,亮节泃堪矜式;
总统关怀群众,酷爱统一,属纩际犹致意三民主义五权宪纲,精诚何减当年。

范鸿佛

无求依傍,不落恒蹊,独任仔肩,开中华四千载未有之局;
建国大纲,平民主义,一篇遗嘱,愿吾党数万人继续而行。

范新范

(一)

大才阐大义,平生大节不渝,四十年备历艰难,未偿大志;
名世葬名山,此日名园凭吊,亿万众同声呜咽,实至名归。

湘人范新范

(二)

四十年革命精神,百折不移,允作东方救世主;
两三月病危英雄,千秋永诀,同悼亚洲第一人。

范新之

革命尚未成功,公胡忍去;
同志仍须努力,我也跟来。

范熙壬

政蠹除五千年,炉汤武革命周召共和为一;
思潮荡九万里,鼎庐梭民约赫胥天演而三。

范腾霄

相知在廿载以前,忆盟同江户,义唱种族,仗剑登演坛,济济群龙敬伟抱;

令誉垂千秋而后,痛星陨北都,魂返南国,奋起呼同志,凄凄数话动哀思。

范腾霄(1883—1952),湖北利川人。1925年任东北海军学校教育长。1946年后任教于武汉水运学院。

卓浩然

开共和民国之基,旷世殊勋,倒数千年帝王,谁能媲美;
创行易知难之说,空卓见前,横览五洲圣哲,孰与为俦。

苗元勋

创共和,革专制,六十年中外奔走于英于日于法于德于美,兴中复同盟,鄂渚一呼,始有今日,未竟其功不降其志;

尊三民,重五权,四百兆同胞与生存若汉若满若回若蒙藏,破坏斯建设,神州再造,其赖何人,虽死之日犹生之年。

欧阳豪

从先生奔走十余年,出死入生,一别五羊成永诀;
仗主义提倡亿万众,先忧后乐,三民千载发幽光。

欧阳诣

革命生涯四十年,首创共和,看那寰海风狂,骇浪流中凭砥柱;
噩耗虚传多少次,一番真讯,睹兹京门云惨,杏花天哀哭英雄。

欧耀庚

越南判袂廿一年,倾盖相逢,曾向演坛聆教诲;
燕北重来三阅月,骑箕竟去,长留壮气护共和。

欧阳葆真

创五千年仅见殊勋,利溥苍生名垂万古;
历四十载无穷艰巨,魂归碧落恸遍全球。

林植

至死靡他,四十年犹如一日;
毕生谋国,五千载仅有斯人。

丹阳 林植

林大闾

先觉觉斯民,四海失声,此日可悲最末日;
有生生必死,大业中道,弥天今戢奈何天。

202

林木一

（一）

创造革命同盟,领导被压民族,铲除专制,抵抗强邻,自古至今,先生以前无健者;

宣传三民主义,鼓吹五权宪法,唤起群众,联合友邦,继往开来,吾侪此后是替人。

（二）

国运正艰难,国父何能撒手去;

吾侪齐努力,吾党快要出头来。

（三）

革命尚未成功,同志仍须努力;

总理虽已去世,吾党继续牺牲。

（四）

出师未捷身先死,

革命成功望后生。

林支宇

谒公珠海,曾拜嘉谟,六月节戎车,可怜夜半虚前席;

走我石门,又分使节,五溪奔烟雨,每依南斗望京华。

林苇桢

公真当代杰,三民提倡独具赤心,果然扫荡妖氛,直为四百兆黄帝子孙,别开一局;

我忆少年时,孤岛浪游特承青眼,到此追维往事,空偕十万家梁溪人民,同哭千声。

无锡县知事　林苐桢

林宗汉

亘古一人,天胡不慭;
万方多难,魂兮归来。

林宗素

披荆斩棘,手赤拳空,册年建国勋劳先生,真心血尽矣;
东海滨横,加盟闻道,此日同胞无告后死,莫恸哭了之。

林建章

草昧见经纶,众口流传民约论;
精神弥宇宙,英名煊赫大功坊。

林建章(1874—1939),福建长乐人。1924年任北京政府海军总长。

林荫湘

五权宪法未立,三民主义未行,继志有何人,半壁西南成遗憾;
一身许国不生,万古留名不死,建勋照史册,同悲中外吊英魂。

林绳武

激斗四十季,十四新元犹幼稚;
中断民国法,国民魁帅竟沦亡。

林猷剑

时势正须人,方期五大族中,从容继起;
国民俱失望,遥向紫金山下,涕泪交流。

林牗明

心血铸共和,先生奇勋垂不朽;
英雄造时势,大家努力挽将来。

林稷旂

在亚洲首建共和,留得大名垂宇宙;
为中国力争平等,死无私语及儿孙。

林笑佛

名满天下,泪满天下;
生为斯民,死为斯民。

林笑佛等

革命超汤武,手造共和,铲除四千载,入主出奴,首创五权建民国;
让德视唐虞,心存平等,沥尽六十龄,忠肝义胆,身婴二竖痛神京。

林笑佛、潘守仁

林直勉等

　誉不足喜,毁不足悲,是甚么时势诞生这个圣哲,革命未成四十年竟如一日;

　生何所求,死何所畏,在偌大乾坤干了如此功业,苦心孤往九万里仅见斯人。

广东　林直勉、陈銮英

　林直勉(1887—1934),广东东莞人。1912 年任同盟会广东支部长。1923 年 11 月任国民党临时中央执委会候补委员。后任广东省党部党务委员。

郁士元

党世牖民,心血总为时势竭;
和平奋斗,遗言藉作党人箴。

郑序

三民五权,千秋永鉴;
青天白天,四海同悲。

206

郑鼎

（一）

六十余年血肝,赚得共和一篑,憾临终犹不忘情救世界；

七十二家黄花,长埋英烈九原,如晤对可胜揉涕话河山。

（二）

十年天地干戈老,

四海苍生吊苦深。

（三）

大难未宁,殷忧靡极,问先生胡竟归去；

当仁不让,见义勇为,愿同志盍幸乎来。

郑寅

薄皇帝不为,公真达者；

为生民拼命,我则哭之。

郑溱

五千年抗手无人,是真不朽；

亿万众同声一哭,非为其私。

郑士毅

毁誉任悠悠,公自大名垂宇宙；

乾坤犹梦梦,予唯野祭哭先生。

上海　郑士毅

郑在庠

打破君主制,名垂千载,从此后同胞得享自由福;
建造民国功,宪法五权,看今日普天齐吊英雄灵。

山东台西镇两级小学校长　郑在庠

郑凤斋

天道何知,回思推翻专制建设共和,神州未涤腥膻,忍使先生遽殂谢;

斯人已往,欲现三民主义五权宪法,祖国未蒙福利,都留后死任仔肩。

山东　郑凤斋

郑克明

经四十年奔走国事,当帝制推翻,方期建设,鸿獬同幸太平之福;
合廿二省吊唁公亡,虽丧仪齐备,总伤音容,鹤化空传青白于兹。

郑吟谢

遗一老天胡不愁,
微斯人吾虽与归。

山东　郑吟谢

郑拔驾

正喜劳动界先觉有人,努力奋斗求均等;
何期领袖者明星委地,冲锋溃决在我们。

郑介诚等

五百载命世挺生,三民主义五权宪法,来做群众先导;
四十年为国奋斗,口忘恩仇家无积聚,是真一代完人。

上海　郑介诚、郑正秋、宋一鸿、周剑云

郑流浩等

为国忘家,四十年革命是图,尽瘁鞠躬,数古今而莫有;
积劳致病,中西医治疗罔效,椎心疾首,通先觉之云亡。

郑流浩、田连渠

孟民言

民无能名焉,树德务滋,除恶务尽,论道能积深研几,经邦能革故,鼎新忽闻哲人云亡,中外贤豪与吾党共洒一副眼泪;

恶其害己也,阳欲其生,阴欲其死,庭众则扼腕太息,独居则弹冠,相庆试看普天同悼,再三敷衍问此辈究具何种心肠。

山东　孟民言

现明

革命实自公所倡,圣人不死大盗不止,视历代帝王有如斯语;
临终犹以民为念,众生无穷我愿无尽,论佛家宗旨行若合符。

弘慈广济寺主持　现明

武绍程

四十载名世,挺生举尧舜揖让,汤武征诛,担肩尽一;
十万言学说,重译与列宁劳农、卢骚民约,鼎足而二。

溆浦　武绍程

周沅

无术起沉疴在膏之上在肓之下,
大名垂宇宙其生也荣其死也哀。

周策

千古辛苦同诸葛,
一生知交数列宁。

周栋

四千载专制推翻,革旧维新,再造功勋雄一世;

五百年名流挺出,参欧察美,毕生政策重三民。

陕西耀县卫队二营副官　周栋

周天锡

凭三寸之舌,说倒满清万里河山,诚言论界古今第一人物;

以平民资格,一跃而为五族总统,本革命家拜崇无二先贤。

胶澳第一保安大队长　周天锡

周元亮

百折不回,四十载枕戈待旦;

全功未竟,亿万人痛失元良。

陕西省工会代表　周元亮

周北江

拼一生与魅魑魍魉争,誓欲澄清天下,另造江山,不爱官,不爱命,不爱钱,历四十年奋斗精神,学说传环球,临死尚呼快渡河,遗恨何止宗泽泪;

率群众和狐狸豺狼搏,志在打翻古今,重整乾坤,又能谋,又能文,又能兵,经七八省血战成绩,主义遍中外,剧病竟至长辞世,伤心还过列宁悲。

川沙　周北江

周希武

为山覆篑恸遗书,须知止吾止也,进吾往也;
饮水思源谁凿井,胡不尸而祝之,社而稷之。

周觉生

一戎衣清命革,再攘臂项城亡,只手辟乾坤,虽四十年辛
苦奔走,历尽南北东西,临终公犹呼奋斗;

三举义共和成,数誓师国运续,双肩承日月,使亿万数胞
与同钦,功盖中外古今,此朝我且哭英雄。

闽北　周觉生

周国埙

石烂海枯,英魂不灭;
山颓梁坏,天道宁论。

旅京浙人　周国埙

周亮才

当大任而不疑,薄天子而不为,抱三民主义五权宪法,出
死入生,奋斗到底,刚强果毅,授命勿渝,结束六十载尘缘,前
无古人,后无来者;

本时代之先觉,作世界之先导,秉河岳英灵乾坤正气,鞠
躬尽瘁,矢志靡他,磊落光明,披肝相示,嘱咐四百兆群众,勖
以努力,勉以成功。

周泽春

乙巳春同盟订欧西,复中华创民国,时事尽多艰,患难相处二十余年思往事;

己未岁丰裁钦沪上,倡三民申五权,遗言犹在耳,夫功未竟万千同志有余哀。

周泽春卧病

周泽苍

谰语本无稽,公岂甘心同赤化;

疮痍犹满目,我来流涕为苍生。

周恭寿

此生有涯,而奋斗无涯,天下闻易篑之言,孰顽非廉,孰懦非立;

斯人虽死,其主义未死,国民食平等之赐,如木于本,如水于源。

参议院议员 周恭寿

周恭寿(1876—1952),祖籍贵州麻江,生于四川成都。民国以后任遵义县县长、四川川西道道尹。1927年任国民党政府贵州省政府委员兼教育厅厅长。1938年任贵州省政府行政院咨议。

周曾祜

耗毕生精力,为世界谋永远和平,为和平抗帝国主义,功尚未完,痛先觉顿然萎谢;

洒满腔热血,以正义倡国民会议,以会议促民族自决,事将有就,叹后继何所从依。

滇南　周曾祜

周清任

以平民资格,推翻历代专制,继二十五史,开自由平等之局,传先圣道统,自有史以来,后汤武而主张革命;

反帝国主义,手创中华民国,率四百兆民,进极乐大同之域,顺世界潮流,在寰球之中,先俄德而建造共和。

周钟岳等

推翻专制,创建共和,东亚此先驱,公论盖棺今已定;

巩固民权,涮除国耻,中华谁后起,遗言属纩莫相妄。

周钟岳、徐之琛、马聪、李华英

周钟岳(1876—1955),云南剑川人。1916年护法运动时期曾任靖国联军总司令部秘书长。1920年任云南省省长。抗战期间,历任国民政府内政部长、国民政府委员兼考试院副院长。

周赓全等

拿着革命的斧儿,数十年奋斗,披荆斩棘,领民众向光明的大道走去,寻找自由,寻找真理;

奏起悲哀底调子,四百兆同胞,抢地问天,将热泪遍黑暗底世界挥洒,痛哭救主,痛哭导师。

周赓全　杨锡屿

胡轩

（一）

一死动世界之哀,全仗主义光明,襟期磊落,虽恨艰虞备历,益征胆魄坚强,功业与美洲华盛顿,俄国列宁差堪伯仲;

千秋拜先生之赐,试念共和福利,专制苛凌,便应寝馈不忘,更合身心供奉,声施较丝绣平原君,全铸范蠡何啻云泥。

中山县隆镇追悼大会筹备处主任　胡轩

（二）

匹夫而为百世师,一言而为天下法,聪明正直是豪杰亦圣贤,品学如斯,古今谁比;

扫五千年之旧治,创亿万代之新猷,坚忍劬劳身国家心社会,音容遽杳,中外同悲。

胡轩

胡适

慈故能勇,俭故能广;

行之非艰,知之维艰。

胡少翰

从海外识异人,回思廿载同盟,星岛晚晴钦伟论;

为国中开创局,遥听一朝永诀,珠江春雨助悲声。

广东　胡少翰

胡元倓

旧时同志皆公患难之交,置身教育廿余年,声应气求,革命成功独推先觉;

中道崩殂尚多事业未竟,遗嘱叮咛三数语,高瞻远瞩,国际平等责在后人。

汉口明德大学校长　胡元倓

胡元倓(1872—1940),湖南湘潭人。1903年在长沙创办明德学堂,提倡新学。一度在北京、汉口设明德大学。

胡汉民

博爱无穷,革命造共和,尽瘁犹为民众死;

知行不二,遗书遍天下,创垂自与昔人殊。

胡印全

国父云亡,大地山河都变色;

民心含痛,昊风惨雨助悲声。

胡庆荣

十七次革命,壮士染中华,奚共奚和,痛惜先生未竟业;

几多年汗马,甘心弃乱世,为国为民,深悲来者有何人。

胡若愚

建国元勋,天不愁遗一老;
称名没世,人须奋起三民。

胡思尧

来日大难,神州板荡;
创业未半,中道崩殂。

广东　胡思尧

胡宪徽

赤手造共和,前无古人后无来者;
沉疴为革命,国失元老民失导师。

胡阅楼

大哉,先生!事业建共和,除专制,从古及今特开其幕,看历史留名永垂万世;

幸矣,吾辈!农民享平等,得自由,寻源追本是谁之功,想深恩难报只为一哀。

胡维栋

世失导师,大陆山河齐变色;
人悲国父,芳时桃李不成春。

胡逸民

沧海砥横流,四百兆民呼国父;
神州创奇局,二十五史有几人。

胡景翼

戈东东粤,能教帝制消声,凡我人群宜思继武;
揽辔中原,勉为国民吐气,唯公灵爽尚克相予。

胡景翼(1892—1925),陕西富平人。1921年任吴佩孚部师长后依归冯玉祥部,曾随冯玉祥参加第一、第二次直奉战争。同年10月任国民军副总司令兼第二军军长。同年12月被段祺瑞政府任命为河南督军。

胡德润

平生事业千秋烈,
万古云霄一羽毛。

胡炎生等

生也勃焉,死也忽焉,天地不仁,以英雄为刍狗;
前无往者,后无来者,事迹具在,等大位于鸿毛。

胡炎生、孔堂

胡信之

本纪为楚项羽而作,易地皆然,以成败论英雄则凿;
国父岂华盛顿专称,斯人已往,就中外表崇拜非诬。

费公直

天靳百年,中流折柱;
人堪千古,薄海同悲。

吴江　费公直

姜公佐

天夺元勋,万里河山传噩耗;
会开追悼,满城风雨哭先生。

鄂军混成旅步兵第二团部副官　姜公佐

姜祖绅

从今丧我国四百兆主,
安得化先生千万亿身。

姜瑞符

大名垂宇宙,
一手造共和。

山东利兴矿业公司总经理　姜瑞符

宫邦铎

三民主义五权宪法,此志未成期后起;
蒋阜凄清淮流呜咽,一齐含泪哭先生。

南京　宫邦铎

宫邦铎,山东德平人。历任陆军第十六师第十二旅旅长、江宁镇守使、陆军第六师师长、第十九师师长、淞沪护军使等职。

祝元

主义倡三民,国士宏猷壮百世;
哀音讣万里,英雄勋业炳千秋。

吴江震泽第一初级小学　祝元

祝震

民族民权民生,国本以立;
大智大仁大勇,天下为公。

柳亚子

(一)
薄华盛顿而不为,何况明祖;
于马克思为后进,庶几列宁。
(二)
树弱小民族解放先声,列宁而还,公真健者;

220

与帝国主义奋斗救世,斯人已往,谁其嗣之。

吴江　柳亚子

柳成烈

民生三主义,有愿难偿,看寰区虎斗龙争,如此江山拼一哭;
宇宙几英雄,哲人又萎,叹今日兵骄将悍,这盘棋局倩谁收。

钟动

名世系宗邦,领神州千百男儿,手掷风云搴汉帜;
应天飞劫火,憾故国京垓狐鼠,胸罗兵甲洗殷顽。

钟动(1882—1937),广东梅县人。1911年后曾任云南教育司司长。

钟云章

国势濒危,惊涛骇浪,先生奋起南越,领袖群英,与专制战,与军阀竞,与强权战,一副忠肝昭示天下;

时局多难,诡风谲云,导师遽殒北平,谁是后继,为民党悲,为中华悲,为世界悲,满腔热泪洒向人寰。

上海　钟云章

钟诗豪

斯人历卅载艰辛,赴汤蹈火始终革命,

221

葬地有六朝烟水,盘龙踞虎供奉英灵。

皖庐 钟诗豪

钟震瀛

奠国本定国基,事业勋名,历万古而不朽;
厚民生开民智,主义才略,阅百世而长存。

柏文蔚

革命仗先知,痛未竟全功,较好友列宁犹有遗憾;
吾侪惭后死,誓勉遵遗嘱,俾创造华氏终遂雄图。

柏文蔚(1876—1947),安徽寿州(今寿县)人。民国成立后,任安徽督军兼民政长。1917年后,历任国民党中央执行委员、政府委员等职。

洪翼昇

汤盘铭新,羲经革故,为后死责;
林肯放奴,列宁共产,与先生参。

赵超

三千年专制君主,大统推翻,先生可以无憾;
数百万革命分子,长城顿失,后死其谁与归。

赵超(1888—1964),广东台山人。历任广东大元帅府参军处少将参议、粤军第一军第三师师长、大元帅府参军处中将参军、国民革命军总司令部军务厅厅长、国民革命军总司令部高参室参事、广东省第一区行政督察专员兼保安司令等职。

赵广誉

革命成功,去真正民治,尚遥浊浪愈回旋,举目何堪失砥柱;
道德沦丧,求纯粹光明,有几奇云惊变幻,问心能不愧先生。

察哈尔　赵广誉

赵守钰

挟其平民主义,百折不回,前无古人,后无来者;
赖有革命精神,千秋弗没,下为河岳,上为日星。

赵守钰(1881—1960),山西太谷人。1923 年任绥远都统署参谋长。1928 年后,历任河南全省民团军总司令、河南省政府委员兼郑州市市长、郑州警备司令、任黄河水利委员会委员长等职。

赵恒惕

重译景英名,伟绩早同方策布;
义伦失先觉,危邦更痛栋梁摧。

赵祖康

毁公半天下,哭公半天下,毁公者不识公,哭公者未能继公,伤哉,公死有应,恐难瞑目;

祸国有人焉,爱国有人焉,祸国也难言国,爱国也可曾收国,殆已,国亡无日,孰不痛心。

南京 赵祖康

赵祖康(1900—1995),江苏松江(今属上海)人。1935 年后,任交通部西北国营公路总局副局长,后任交通部西南公路管理局局长、上海市工务局局长等职。

赵录谦

盛德迈群伦,成功不居,失败不挠,亘古罕俦况今日;
举国同一哭,斯民犹瘁,斯人遽渺,他年继起更谁来。

渠邱 赵录谦

赵铁樵

哀思遍黄童皓叟,
心事如白日晴天。

赵铁樵(1886—1930),亦称铁桥。四川叙永县金鹅池(今属兴文县)人。1927 年任招商局总办。

赵超常

临终两三语,曰和平曰奋斗曰救中国,愿同志葆兹懿训;
革命四十年,不置产不争权不贪高位,即敌人亦无间言。

上海 赵超常

224

赵管侯

历四十载苦心,推翻专制;

开五千年创局,肇造共和。

黎明报馆　赵管侯

赵夔等

革命方始,制宪未终,地盘相夺相争,大厦将倾拌一死;

国体共和,民生苦战,天下公非公是,盖棺论定在千秋。

无锡　赵夔、范廷铨

赵景文

半世经营,希贤希圣,百代不忘遗法在;

一生劳苦,为国为民,万家空泣哲人去。

赵锡珣

芝罘识荆州,师陈水陆,抵尝纵谈,搅辔誓澄清,竟能旋乾转坤,千秋竞道无双业;

京华逢厄运,色变风云,呕肝致疾,骑箕惊溘逝,怅望青天白日,万古同悲第一人。

侯一中

新总统,旧总统,真总统,伪总统化去;

经执政，纬执政，联执政，络执政生来。

贺之才

国人有负先生，追悼何足塞责；
同志勿忘遗训，革命尚未成功。

贺之才（1887—1958），湖北蒲圻人。1912 年后任南京临时政府实业部司长、北京政府工商部佥事、战时国际委员会编译员、北京大学任法文系主任兼教授。

贺培桐

以革命建古今未曾有奇勋，怨满天下，名满天下；
至临死痛中外不平等条约，政府听之，国民听之。

贺得霖

四十年为国宣劳，壮志未酬人已古，
八千里成仁取义，精灵应与日争光。

贺得霏

四十年为国宣劳，北去未酬人已古，
八千里成仁取义，精灵应与日争光。

贺士锄等

民有余思，家无长物，举世正同悲，但论公而忘私，先生自此远矣；
来日方艰，大星遽陨，百身惊莫赎，如念人亡国瘁，后死其共勉之。

无锡　贺士锄、金鼎、华堃

施明

病才匝月陨此明星，宏愿未全偿，寄语同胞须努力；
生有自来死胡其速，天年如可假。定知国事不棼丝。

施芹生

溯民国以还，谁与群魔互搏，堪称为中坚之柱，撑兹大厦；
知先生此去，不随异物同朽，常化作革命之花，开遍神州。

吴江　施芹生

段功辅

破廿世纪种族侵陵，树立三民主义，计划五法宪法，只手造共和，长留大名垂宇宙；
除数千年帝王专制，推倒一时豪杰，拓开万古心胸，顷刻闻殂落，永守遗训想哲人。

江西四十一区教员　段功辅

段伏初

负经济宏才,许世以身,有功于国,有功于民,斯人卓著千秋业;
综平生政绩,大书其事,或布在方,或布在策,此后留传万古名。

湖北　段伏初

段调梅

组织同盟,推翻专制,四十年创建共和,于尧舜汤武而外
别开奇局;

三民主义,五权宪法,亿万兆称颂伟烈,与列宁华拿诸子
各著勋名。

江西四十区校长　段调梅

段维岳

百世有定评,公是公非,莫再伤心提往事;
万方犹多难,我歌我哭,更谁热血似先生。

陕西华原　段维岳

段祺瑞

共和告成,溯厥本原,首功自来推人世;
革命勇往,无间始终,大年不假问苍天。

段毓灵

列宁抱负，
华拿勋名。

秋程

女婆昔日，正当风雨交加堂构，痛艰难一掷千金辜厚谊；
民国初元，曾见檐帷暂驻云山，今黯淡六桥三竺哭英灵。

老同盟会浙支部女会员　秋程

郦吉章

碧血丹心苦，
青天白日高。

郝正修

生前与华拿为俦，誓以民权新宇宙；
地下偕宋黄握手，那堪重话旧山河。

郝家麒

民主民有民享，一以贯之，即此振人兼救国；
立德立功立言，三不朽也，未期绝后以空前。

姚震

肇新中夏,首创共和,主义倡三民,中外竞传经世略;
气壮山河,神骑箕尾,遗书留九种,典型常系后人思。

姚震,安徽贵池人。辛亥革命后任大理院民事第一厅厅长。1918年任大理院院长。1924年任临时法制院院长。1927年6月至1928年2月,任北洋政府司法总长。

姚国桢

英雄时势,自有千秋,霖雨遍苍生,创业未终中道殂;
际会风云,不阶尺土,乾坤凭赤手,横流方急大星沉。

姚国桢,安徽贵池人。1917年后,任交通部参事及邮政总司长、交通部次长。1924年任全国烟酒事务署督办。

姚雨平

无力奠东隅,每对先生增愧怍;
伤心吊落日,谁为大地放光明。

姚雨平(1882—1974),广东平远人。1924年后任广东治河督办、广东国民政府参议、国民党中央执行委员会训练部党员训练科科长、南京政府监察院监察委员。

姚褆昌

八载预戎机,溯当年血誓追随,岂徒北上先驱为最后赞襄大计;
千年扫专制,痛今日神灵如在,长祝东皇司令尽提前默佑共和。

姚褆昌(1889—1962),安徽桐城人。曾任广州军政府大本营秘书、
中国国民党独立第五师党代表、安徽省财政厅厅长。

姚锡光

劫历魔障三百年,华胄遥遥,迷梦唤回汉族;
我亦国民一分子,神州莽莽,何从再起斯人。

姚锡光,江苏丹徒人。1912年后任蒙藏事务局副总裁兼署总裁、任
参政院参政等职。

姚锡光等

政敌军敌内敌外敌,八面魔官奈何赍恨重泉,创造未成华盛顿;
立德立功立法立言,三民主义自足遗庥变世,文明大启新亚洲。

姚锡光率同督办川边矿务公署职员五族国民合进会会员

姚叔来等

姑无论革命首功,即兹奋斗精神,岭表九年,已堪千古;
慎莫谓兴邦多难,长此偷安心理,神州五族,难保终朝。

姚叔来、潘梓彝、李国钦、阮晓繁

姚尔林等

奋斗四十年,备偿险阻艰难允矣,先生爱我辈;
别离三百兆,正值存亡危急伤哉,我辈感先生。

皖籍学生　姚尔林、生化贞、王德鹏

查良钊

毕生尽瘁,视国事为匹夫有责;
举世同哀,以先生乃平民之一。

查良钊(1897—1982),浙江海宁人。曾任北平师范大学教授兼教务长、河南大学校长、河南省教育厅厅长、华北慈善联合会总干事、香山慈幼院副院长、西南联大教授兼训导长、国立昆明师范学院院长等职。

剑霞

提倡革命,建造中华,无少长,无贤愚,一致服膺,先生不死;
民贼鹰扬,强邻虎视,必铲除,必抵抗,决心奋斗,吾辈何辞。

夏宁

数十年为国为民,肝胆俱瘁;
四百兆或恩或怨,悲悼同深。

鄂军混成旅步兵第二团第一营营长夏宁率全营官佐

夏江秋

迄今革命小成,公化天灵应默眷;
往昔同人有几,我来燕市放悲歌。

夏鸿章

改数千年政局,推翻帝制;
倡三十载革命,大展民权。

蜀东 夏鸿章

夏循垍

革数千年帝王专制威权,赤手建共和,溯往时名世英豪,迫难其匹;
破廿世纪种族侵陵谋略,努力争平等,痛此日寰球弱小,遽失斯人。

夏德伟

许世以身,有功于国,有功于民,斯人卓著千秋业;
革命之首,无忝其生,无忝其死,从此长存万古名。

万县中堡初级小学校长　夏德伟

夏豫讷等

功冠五千年,创平等倡自由,有志竟成,华族齐声尊国父;
生逢廿世纪,重民意改条约,遗言犹在,得人努力继先生。

义保学校学生　夏豫讷、蔡崇度

贾祝年

是民众先觉,是革命前驱,记儿时犹学,已自书中钦俊伟;
与帝国奋斗,与军阀攘搏,恨天年未假,空教此日哭先生。

柴福沅

只手造共和,志在天下,功在天下;
一生无长物,生是平民,死是平民。

上海公民柴福沅鞠躬

徐白

是救人是爱人,斯人不朽;

为国死为民死,维死犹在。

徐洪

百折不回,为国奔驰今已矣;
四方未定,继公奋斗问谁何。

徐巽

行博爱平等,故自谓从上帝者;
创三民五权,为中国大革命家。

徐瀛

革命未竟全功,公胡可死;
毕生唯知救国,民无能名。

徐谦

为全国人作导师,革命建设;
在今世界立正鹄,博爱大同。

徐谦(1871—1940),原籍安徽歙县,生于江西南昌。1912年后历任司法部部长、国民党本部参议、天津《益世报》总编辑。1917年任孙中山大元帅府秘书长。后历任国民政府委员、国民党中央执行委员会常务委员、国民政府司法部部长等职。

徐毅

卅载贤劳,三民倡主义,缔造新邦堪慰平生壮志;
一天黯淡,二竖厄英雄,缅怀遗嘱谁成革命全功。

上海　徐毅

徐卫黄

赤手建殊勋,倒专制而创共和,辛苦卅年是才兼民仆列宁国父华盛顿;

同胞受嘉赐,使中夏不沦夷狄,馨香终古应高配素王孔子英霸管夷吾。

徐文炳

名留宇宙亘千古,
手造共和第一人。

山东黄县　徐文炳

徐文浚

造世仰宏谟,正赖元勋资国治;
征尘劳远道,何期一病痛山颓。

徐云裳

天降元老,为拯国危,何以又靳遐龄隳遽砥柱;

236

我哭先生,更忧世变,唯愿恪遵遗嘱共济艰难。

中山警察第二区署长　徐云裳

徐以智

革数千年天下家传,既倒狂澜偏独挽;
伤十四载海内鼎沸,顿超浊世竟仙游。

第七混成旅第三团团长　徐以智

徐兰墅

钟阜郁嵯峨,溯辛亥岁,肇开民国纪元,灵爽式凭宜此地;
粤江涌鸣咽,合欧美邦,崇仰亚洲人杰,遗言信守在吾徒。

江苏实业厅长　徐兰墅

徐兰墅,江苏崇明(今属上海)人。1913年,被选为众议院议员。1917年任护法国会众议院议员。1925年2月任江苏省实业厅厅长。

徐可亭

破坏难,建设更难,天胡为夺我先生,使大功亏于一篑;
主义明,遗嘱尤明,世何以报兹贤者,将重任放在双肩。

重庆　徐可亭

徐传友

揭橥主义,奋斗终身,革命四十年,力争民族民权民生,成功比华盛顿难易迥别；

　　尽瘁鞠躬,促进统一,沉疴近累月,唤醒果难国魂国耻,遗骸与巴枯宁先后争辉。

阜阳秋浦　徐传友

徐觉农

大星殒冀北,千里征尘,建国竟违心愿；
春雨黯江南,万人空巷,临风共吊英雄。

吴江　徐觉农

徐弘士

易水风袭珠江冷,遍地哀声震南北；
两间正气代完人,满腔热血壮山河。

吴江　徐弘士

徐绍桢

道不能亡,三民主义长留天壤；
国乌乎建,卅年辛苦尽沥胸肝。

　　徐绍桢(1861—1936),祖籍浙江钱塘,生于广东番禺。1920年任两广各路招讨军总司令。1923年接任广东省省长。

徐志云

四十年革命生涯,险阻艰难,终博得世界被压迫人民同声痛哭；

238

百余字临终遗嘱,悲凉热烈,最希望国际不平等条约努力废除。

徐征庸

席不暇暖,突不及黔,越国越都一世忧势婴夙疾;
倦时卧薪,苦时尝胆,护民护法百年事业著汗青。

南陵　徐征庸

徐际恒

与蔡锷黄兴同起,溯十年前国内元勋,鹰隼翔空,相率群英光旧物;

在李宁甘地之间,看廿世纪环球人物,龙蛇起陆,一般先觉焕新猷。

徐宝璜

汤武革命,周召共和,先生虽亡,其功弗可及也;
风景不殊,河山顿异,后死有责,吾党宜深识之。

徐宝璜(1894—1930),江西九江人。1920 年起,先后在私立民国大学、国立北京大学、私立朝阳大学、私立中国大学等校任教。曾任新闻学研究会会刊《新闻周刊》编辑主任。

徐青稣

孰置公天地肯晦之秋,热血一腔未竟宏愿;

益坚我江河沉沦之志,挺身四顾尤须恒心。

徐树铮

百年之政,孰若民先,何居乎一言而得,一言而丧;
十稔以还,若无公在,正不知几人称帝,几人称王。

徐建侯

公真世界伟人,弱小民族正待提携,遽大勋未集,遗恨失
争不平等;
我虽铁窗余命,艰难国脉同关痛痒,叹群龙无首,伤心谁
救伪共和。

徐辅德

神州久悬青天白日之旂,犹见狐鼠横行,豺狼交恶,正气
莫能伸,群料先生遗恨永;
国民倘为碧血丹心所感,休再干戈自扰,萁豆相煎,殷忧
方未已我惭后死负惭多。

徐煜华

允矣中山学说,行之非艰,知之维艰;
大哉先生主义,人能弘道,非道弘人。

广东乡愚侄　徐煜华

240

徐雕志

回首当年,保定园中击国贼;

伤心此日,社稷坛内吊英灵。

徐鹤年

四十年力转鸿钧,手挈神州出大冶;

九万里倏倾鳌柱,心惊沧海尚横流。

陕北镇守使署参议　徐鹤年

徐鼎康

以革命始,以革命终,三十年艰苦不挠,先生之志未竟;

为国民生,为国民死,廿二省凋残至此,后来之责孔殷。

南京　徐鼎康

徐鼎康(1876—1938),上海嘉定人。1912 年后任吉林民政使、吉林省内务司司长、安徽省安庆道尹、江苏省省长等职。

徐瑞华

抱艰苦卓绝心胸,不挠不屈始克推翻专制建造共和,伟绩丰功照耀西欧东亚,岂意群雄屹立,争城夺地,庐墓为墟,数万里锦绣江山无片土干净,致使天怒人怨鬼哭神号,吾辈如水益深如火益热；

听共管联盟声浪，愈唱愈高方期抵抗强邻铲除内乱，自由平等同享化日光天，忽闻首领遽亡，僻壤穷乡，妇孺恸泣，四百兆间阎会合望全球主张，毋令三民五权九仞一篑，我公虽哀犹荣虽死犹生。

徐芝英等

为国民革命，对强邻抵抗，只手挽狂澜，留得大名垂宇宙；
有同志健在，继先生事业，一心图奋斗，总期主义贯人间。

浙江党员　徐芝英、周奉泽

徐瑞霖等

有唐虞揖让兼汤武征诛，破五千年专制藩篱，创局别开，手造共和光汉族；
以孔墨心肠行佛耶事业，历四十稔周游世界，临终何憾，遗言奋斗救苍生。

徐瑞霖、郑荃荪、孙传轩

徐维道等

一生事业，为国计为国体为国权，历多少险阻艰难未渝其志；
半世行藏，无私仇无私财无私见，论古今英雄豪杰莫与之京。

徐维道、李鸿鹏

高云麟

白首尚留千载宇，
青天忽偃半空旗。

中山先生素未谋面，壬戌岁重谐花烛，蒙以"白首如新"四字见赠。兹闻仙游，感慨系之。

武林　高云麟

高仲和

五千年揖让征诛，乘除代谢，皇而帝，帝而王，王而霸，皇帝霸王，谁能脱虞夏商周汉唐宋明，廿余朝循环窠臼，别开生面建民国；

四百州山川海陆，钟毓秀灵，德降仁，仁降义，义降礼，德仁礼义，公乃超秦晋吴楚燕齐洛蜀，几大派脉络渊源，突涌新潮起澳溟。

参议院议员　高仲和

高仲和(1876—1970)，湖北枣阳人。曾任《民心报》主编、豫鄂皖边区参议会秘书长。

高绍宗

公殁犹存，在天为日星，在地为河岳；
我生恨晚，深未见江汉，高未见华嵩。

编陆二师炮兵一二团三长　高绍宗

高羽丰

痛国事蜩螗,万种愁肠,从何处说起;
念先生遗志,一腔热血,如怒湖奔来。

山东　高羽丰

高福生

铲除数千年专制,建设共和,五宪分权,远略驾华盛顿以上;
唤醒四百兆同胞,努力社会,三民主义,阐思较马克思尤精。

山东　高福生

高秉坊

学说创三民,应共青天常不老;
功名付余子,谁云白日已曾沉。

山东　高秉坊

倪玉声

今古刨奇观,革命宏功垂两大;
亚欧钦伟人,爱民正气壮千秋。

暂编陆军第二师二旅三团二营营长　倪玉声

倪汉波

缅毕生国而忘家,推翻清廷专制,创造华族共和,名满人

间,百世流芳青史在;

　　当弥留言不及私,革命尚未成功,同志还须努力,声随泪下,千秋遗恨汉奸多。

倪伯英

　　坐看几百辈豪杰从风,武汉会师,气吞五湖四海;
　　收拾数千年帝王残局,河山还我,公真万古一人。

松江　倪伯英

桂崇基

　　谋革命则指为叛逆,护约法则指为滋乱,讨贿选则指为防统一,愧当年附骥无从,同遭唾骂;
　　拒侵略宜比住甘地,谋民生宜比诸列宁,建共和宜比诸华盛顿,问往史如公有几,永享荣哀。

　　桂崇基,江西贵溪人。1926 年后,曾任国民党中央执行委员会秘书长、国民党宣传部长、中央政治大学校长、考试院副院长。

凌符

(一)

　　独出独入独往独来,自有大名垂宇宙;
　　如神如天如日如月,会将只手换乾坤。

(二)

　　小子为词,忆从为国救民,十裁前尘如梦境;
　　先生不死,赢得青天白日,万人空巷送灵旗。

凌毅

登泰山以望中原,前无古人,后无来者;
喷沧海而洒血泪,濛我宇宙,湿我裳衣。

凌毅(—1930),安徽定远人。南京临时政府成立后,被推为南京临时参议院议员。后曾任中华革命党皖支部长、中华革命军江皖总司令。1924 年,当选为国民党第一次全国代表大会代表。

凌锐等

备立德立言立功于一身,前无古人,后无来者;
创民生民权民族之三说,世曰豪杰,我曰圣贤。

凌锐、凌昭

凌策等

小子何词,忆从为国救民,十载前庆如梦境;
先生不死,赢得青天白日,万人空巷送灵旗。

凌策、凌符

凌道扬

杀身成仁,前代尚有人,况当豺虎纵横,为国宁辞肝胆碎;
知难行易,几番曾诲我,际此音容缥缈,遗言弥令肺肠倾。

山东 凌道扬

凌道扬(1890—),广东宝安人。1923年后,曾任青岛农林局局长、中央大学教授、广东农林局局长、黄河水利委员会常务委员、行政院善后救济总署广东分署署长等职。

钱铜

三民五权,开国宝典;
千秋万载,革命元勋。

钱苗云

民已不堪其命,
天何遽丧斯人。

钱洗尘

正气毓神州,三民五权伸伟略;
大名垂宇宙,千秋万世仰雄风。

钱维骥

有华林二氏贤,学说尤新,敌党任栽诬,论心地光如日月;
无尧舜两人寿,功施未竟,邻邦犹叹息,谓亚洲失了英雄。

大总统府咨议 钱维骥

按:华林,指华盛顿、林肯。

钱景高

未竟公三民主义,
乃坏我万里长城。

常熟 钱景高

钱文耀

创五千年共和之局,历尽艰辛,国本尚飘摇,正仰中流资砥柱;
合亿万姓遏密而哀,如丧考妣,民权才孕育,何堪暗夕失明星。

钱文耀等

浩气壮河山,一纸遗书勖后世;
大名垂宇宙,满腔热泪哭先生。

钱文耀、李葆林

钱会东等

缅乙巳同盟,西欧后中华创民国,尔时德比追随,共同撑持大局,往事纵多艰,犹是梦魂循旧约;

溯辛亥于役,东鲁参戎府肆外交,郑重金陵话别,相期戮力中原,遗言今宛在,空将泣血望来生。

钱会东、周泽春

耿锡升

武纬文经,勋业极一时之盛;
河带山砺,精神历万古不磨。

袁玉雨

壮气在岭南,呜咽潮声泣珠海;
大星沉冀北,凄凉天色澹燕云。

松江　袁玉雨

袁希濂

三十年未竟大业,
廿四史无此完人。

丹阳县知事　袁希濂

袁励恒

建国方略重三民,数十年革旧维新,名传中外;
约法共和联五族,四百兆归仁向义,功在邦家。

袁世绪等

名标烟阁,像绘云台,纵博个开国元勋,到底是一家功狗;
钟撞自由,权扬独立,直推翻历朝专制,对得起五族同胞。

山东　袁世绪、王玉龙、石中亮

袁先奎等

有志者事竟成,王业霸图,一那刹尽为绝迹;
观人者先其大,功魁罪首,千秋后自有定论。

上海　袁先奎、袁先杰

顾人宜

只手障狂澜,铲除五千年专制淫威,奈何落照西崦,未了
生平事业;

仔肩在后死,端赖四百兆同胞奋起,相与追纵先烈,争持
民主精神。

东三省民党代表　顾人宜

顾乃铸

元老竟升遐,往事俱堪光国史;
斯民怀旧德,瓣香何以报先生。

山东陆军步兵上校　顾乃铸

顾兆麟

功高明祖,三百载胡运未衰,艰苦复国,重奠山河耀寰宇;
名逾列宁,四十年人权始立,邦家多难,尚遗谟典付吾民。

按:明祖,指朱元璋。

顾宗琛

昔年徕驾今徕公魂,无恙江山生百感;
师哭同仇道哭同术,相期肝胆照三民。

南京 顾宗琛

顾稼轩

感公主义,会入同盟,三岛组机关,力挽狂澜造时势;
戡彼凶顽,独持正论,五茸亲謦咳,声振梁屋见精神。

松江 顾稼轩

顾维涛

五千年帝制推翻,尝胆卧薪,力挽潮流滚滚;
四百兆民心不死,报功崇德,伫看铜像巍巍。

唐玠等

以国事病,以国事终,卧榻呻吟,临死不忘大局;
有誉之者,有毁之者,盖棺论定,先生自是元勋。

唐玠、古壹

唐人元

(一)

往事昭昭,亿万岁长留宇内;

251

精魂耿耿,千百年永在人间。

（二）

建功立业,掀天揭地,为世界伟人,而今已矣;

排满革命,救国保民,忆不朽盛德,何日忘之。

唐在礼

元勋垂国史,

伟业在遗编。

唐在礼,上海人。先后任巴黎协约国军事会议中国代表、蒙事委员会委员、交通部护路军总司令、督办山东军事善后事宜公署军事顾问。

唐化鳅

先生志气实豪雄,死当再率诸灵为人类奋斗;

民国声名也光彩,治亦须探真相与世界和平。

唐永昶

木坏山颓,吾党同声唯一哭;

民艰国瘁,匹夫有责望群伦。

唐仲寅

南京正位,东粤护法,北燕饰终,浏览中华地图,先生遗爱遍三大流域;

江汉起义,回藏同心,满蒙向化,试行百世政策,革命代价
幸五族共和。

唐尧钦

开中华民国纪元,放出平等光明照耀神州,是先生已成功业;
反世界帝国主义,普及自由生活遍周寰宇,为吾人绍述精神。

唐尧臣

国步方艰,看若辈纷争,是先生极端恨事;
民情可见,愿后人奋勉,补此公未竟勋名。

唐质仙

是建造共和之神,功业遥同华盛顿;
为忧劳民国而死,艰难酷似武乡侯。

滇粤桂联军前敌总指挥部秘书　唐质仙

唐泽橘

废除家天下,为公天下;
推翻旧潮流,迎新潮流。

湘潭　唐泽橘

唐绍仪

（一）

约法坏,民国危,革命未成功,谁复能支大厦;
议和终,致位去,补天太无术,自愧有负使君。

（二）

小雅道衰,中国微当念乱;
瞻乌爰止,哭于野者甚哀。

唐炽昌

为国家呕尽心肝,大勋未集神先死;
爱群众有逾骨肉,正义长存公不亡。

重庆　唐炽昌

唐继尧

只手创共和,曾经险阻备尝,自有隆名光历史;
同心戡大难,遽悼沉疴不起,独飘酸泪望中原。

唐鼎铭

三民揭主义,赍志以终,当在粤捍卫国基,百战已经肝胆碎;
五族跻共和,成功即退,问诸君攘争权利,千秋留得姓名难。

南京　唐鼎铭

秦兴

革命欠全功,先生遽死;
大名垂永古,虽死犹生。

秦邦宪

打倒帝国主义,打倒军阀,是先生奋斗素志;
追悼革命领袖,追悼国父,使民众痛哭失声。

无锡　秦邦宪

秦国城

叹公身十价倍,危险几遭,幸兹革命成功,人归天与;
为国谋享共和,推翻帝制,赖此精神常在,虽死犹生。

秦国城

秦国镛

不愧民族先觉,
是真革命完人。

中华航空学会会长　秦国镛

秦经年

为民国第一总统,
是宗教绝大伟人。

255

北京中国大学政经科三班学生　秦经年

秦善培等

出乎其类，拔乎其萃，生民以来未有夫子；
国而忘家，公而忘私，当今之世亲见若人。

秦善培、曹兆征

席毓芝

一往直前，本欲达到平等主义，大功未就继无人，先生何
竟弃世；
百折不回，原想提高国际地位，有志不逮身先死，日月怎
这无情。

翁恩伦

一生革命，
千载伟人。

民意通俗社社长　翁恩伦

陶玄

革命甫成，举天下以让人，四千年前愧汤武；
共和未固，舍此身而殉国，五万里外伴列宁。

京师公立一女中校长　陶玄

256

陶行知

生为民有，
死作国魂。

陶善昌

进世界于大同，民生乃有济；
以天下为己任，公死其谁归。

郭朴

于拿破仑华盛顿马克思大革命而外，别开生面，一再造共和，千古以来几人比；

在黄克强宋遁初蔡松坡诸巨子之中，允为导师，九泉仍作合，三老相逢一笑迎。

山东　郭朴

郭昭

励匹夫责任，开豪杰先河，奋身扫千古淫威，百折不回，公真健者；
审世界潮流，定国家基础，瞑目守三民主义，万方多难，我惜斯人。

郭衡

孟尝固世称得士，
重华以天下为心。

257

郭天锡

倡革命,造共和,识伟行坚,一意为平民请命;
丧元功,失先觉,天崩地坼,万众对国事伤心。

郭英夫

民权振起,帝制推翻,由患难而享哀荣,可谓天之骄子;
王道迂拘,霸功假饰,本革新以谋政治,不知前有古人。

郭英夫(1889—1940),陕西咸阳人。1918年任陕西靖国军第七路司令。1927年任中国国民党中央党史编纂委员会编辑。曾任第一、二届国民参政会参政员。

郭究竟

谋国家独立,民族自由,奋斗四十年,有始有终,先生可谓不死;
求精神团结,主义战胜,唤醒亿万众,同心同德,遗嘱永矢难忘。

郭萃英

哲人云亡,栋折榱崩,此后有谁支大厦;
雄心不灭,海深岳峻,从今吾党守遗型。

雪里鸿

遗泽被同胞,赤帜犹存,坠泪况为长揖客;
时艰需一老,大星竟陨,鞠躬无复出师人。

上海　雪里鸿

戚本恕

联满蒙回藏,恢复汉家正统;
观古今中外,能如公者几人。

胶澳商埠港政局长　戚本恕

续桐溪

不愁所遗,谁人继作中流柱;
吾将安仰,何处重闻清夜钟。

续桐溪(1880—1926),山西崞县(今原平县)人。1916 年任国会众议
院议员。1917 年任陕西靖国区总司令于右任的幕僚。

章士钊

景行有二十余年,鄙著记兴中,掩迹郑洪题字大;
主义以三五为号,不才无党籍,追怀蜀洛泪痕多。

259

前清癸卯,士钊著《孙逸仙》一书,记兴中会革命事迹,标榜中山先生所倡主义,其时天下卸先生者固绝罕也。吾兄太炎为手书绝句冠之,中以掩迹郑洪为民辟句,回忆前,曷胜呼叹。

章太炎

洪以甲子灭,公以乙丑殂,六十年间成败异;
生袭中山称,死傍孝陵葬,一匡天下古今同。

章保世

糟粕周孔,睥睨耶佛;
颉颃汤武,揖让唐虞。

章振华

新尽火传期后起,
山颓木坏哭先生。

章靖民

看澈世界潮流,斩棘披荆,素心不忘黄帝胄;
提倡国民会议,声嘶力竭,英灵长绕紫金山。

章锡禾

挺身为奋斗,是中华开创元勋,溯共和肇造以来,披倡称帝,有人夤缘窃位,有人隐微间快意恩仇设心险诈,更有人日月其恼几经消长,唯先生执三民主义五权宪法,如凌云一鹤,独立苍茫,热血洒乾坤,使天下豪杰英雄相呼避席;

革命未成功,又行馆临终恨事,当寰宇泯棼之会,军阀恣横,可痛政客謅张,可痛国际上侵略无限条约不平,尤可痛江山此局谁与支持,纵同志多患难故交群众青年,而沧海六鳌,已移负载,断肠留泪墨,愿吾党兄弟姊妹永记遗言。

梅大栋

经营推翻强权,强权犹在,先生何能遽死;

奋斗唯有团结,团结未坚,我辈岂可偷生。

江西工人学校教员 梅大栋

梅光培

刚从京国归来,每念留官犹在耳;

此际乡邦追悼,重瞻遗像倍伤心。

梅光培,广东新宁(今台山)人。1917年任海陆军大元帅府秘书兼参军处会计科科长。1923年任广东省官产清理处处长、财政厅厅长、大本营筹饷总局会办等职。1924年任广东造币厂监督。1934年任复兴社特务处(后称军统)上海站站长和上海区区长。

绳玉振

共和兴，专制废，革命告成，初衷已遂；
党派别，南北分，大功未竟，遗恨难忘。

农商部办事　绳玉振

巢功赞

竭毕生毅力奋斗而前，功竟难成，倘有春秋责贤者；
为全国同胞悲愤以死，民原为贵，宜依社稷祭斯人。

交通部佥事　巢功赞

密书狄

万古不磨，三民主义；
一生受累，七八小人。

阎锡山

人群进化，天下为公，壮志竟未伸，大厦栋梁归后死；
国难方殷，台星平遽，平生期不负，十年蓝荜愧元功。

阎崇阶

是不坏金刚，造福直穷无量劫；
有巍然铜像，临风同拜自由神。

隋熙麟

民国元首,开国元勋,何期星陨京华,寰宇同悲梁木坏;
其生也荣,其死也哀,睹此灵归建业,威名应共海天长。

萧方骏

病榻识尊颜,明知为国忧劳,深恨无丹能驻景;
公园瞻遗像,不禁抚棺叹息,愿从有觉证他生。

萧炳章

(一)

欲竭殷能为天下留公,太息回天乏妙术;
仍遗愿尽替人群造福,伫看寰宇起悲思。

(二)

主义唯三民五权,遗大投艰,四千年来无余子;
声名振九州万国,盘根错节,廿世纪中第一人。

萧海藩

唯大人共命维新其心维爱,四十年风雨如晦鸡鸣不已,只手造乾坤,只博得鞠躬尽瘁死犹有憾;

夫君子所过者化所存者神,千百世春秋纪元鱼史流芬,一言垂典谟,到底是俎豆馨香生也无涯。

萧旭东

奋斗和平救中国,一息尚存此志不懈;
大同博爱觉斯民,数年可假其道必行。

萧楚材

　　天既生非常之人,必有非常之事,头颅铁血,推倒五千年专制,光复河山,是谁肯功成弗居,倏然远引,溯自龙潜草野,豹变东瀛,虎步神州,鹰扬粤海,大名垂宇宙,一身系全局安危,最堪惜盖世元勋,空余崇拜;

　　公始以让国而去,终以救国而来,南北奔驰,唤醒四百兆同胞,咸登衽席,又何图病竟不起,遽尔云亡,从兹月黑枫林,星沉燕市,风凄甲帐,雨泣茆檐,特典备哀荣,末吏联此邦英俊,共追思平民伟烈,式荐馨香。

察哈尔集宁县知事　萧楚材

萧耀南

政策有歧同,噩耗四传,齐洒英雄知己泪;
邦变无远近,国旗半下,共招世界伟人魂。

督办湖北军务善后事宜　萧耀南

　　萧耀南(1875—1926),湖北黄冈人。1917 年任直隶陆军第三混成旅旅长。1921 年后曾任湖北督军、两湖巡阅使等职。

萧锦心等

苦志倒清,尊重三民主义,不贪位,不贪钱,肉食诸公试问当今能有几;

赤心谋国,力挽五权宪法,愿任劳,愿任怨,牺牲一己足征亘古实无伦。

湖北 萧锦心、唐云山

萧辉锦等

若笔若古若铁血,看先生为国为民,总用搏兔全力;

亦圣亦佛亦英雄,任后世见仁见智,只能窥豹一斑。

萧辉锦、许森

萧辉锦,江西永新人。武昌起义后,任江西政事部秘书长及省城外总税局局长并充中国国民党江西省党支部文事科主任。1913年被举为参议院议员。1917年任护法国会参议院议员。

康抡先

以革命精神,兴义师倒专制,登吾民于衽席;

本博爱主义,扶小弱抑强暴,跻世界于大同。

康新民

尘氛未扫,壮志难酬,最伤心辗转病床,犹唤国民齐奋斗;

大业垂成,长城遽坏,请属目叮咛遗嘱,绝无私产付儿孙。

崔荫芳

创革命四十年,险阻备尝,未竟全功亡国父;
罹奇疾一百日,大星遽殒,谁承遗志继斯人。

吴江震泽税务所长　崔荫芳

崔淑兰等

首倡共和,手造民国,既不言功,复不言禄,始终贯彻主张,常以牺牲为己事;

未闻怕死,遑论爱钱,生无所有,死无所遗,永久保存躯体,好留清白与人看。

山东　崔淑兰、刘次箫

梁冰

彻底改革本先生建国真诠,抵死弗休,到弥留属纩之时犹呼奋斗;
遗嘱昭垂示吾党同人方略,奉行勿懈,迫进化蒙庥而后堪慰英灵。

梁士诒

先觉阐大义,
后死哭斯文。

里人　梁士诒

梁五凤

主义精神,令我无思不服;

奇勋伟绩,何怪有口皆碑。

广西　梁五凤

梁同苏

卅年革命,九次逃亡,辛苦创共和,但恨军阀未除,尚贻后思;

三民主义,五权宪法,弥留垂遗嘱,所望国人了解,毋负先生。

广东　梁同苏

梁时际

自唐虞禅传以后,由汤武革命以还,彼等作福作威,欺子孙犹欺世胄;

成古来创见之勋,开今日共和之幕,我公为民为国,死躯壳不死精神。

广东育英初级小学校长　梁时际

梁秋芳

生有功于时,死有闻于后,辛劳为国,志毅不渝,伟矣哉流芳百世;

仰不愧乎天,俯不怍乎人,牺牲其身,星沉五丈,微斯人吾谁与归。

广东　梁秋芳

梁柘轩

能得众已得寿又得名斯真乐境，
生其时死其地葬其所可谓完人。

同乡旅京中医　梁柘轩

梁若谷

革命历四十年,创共和,护共和,三民主义长与白日青天同不朽;
伤肝劳数百战,生为国,死为国,万姓哀思愿同努力奋斗竟全功。

广东　梁若谷

梁宝星

创革命于四十年前,为国捐躯与民造福;
痛招魂于二千里外,愁添汉水肠断京华。

湖北　梁宝星

梁善川

能文能武真豪杰，
不屈不挠大丈夫。

山东　梁善川

梁逢启

赤手拯黎元,宪法五权留后死;

红羊歌乌屋,庙貌千秋昭汉青。

山东 梁逢启

曹璜

创共和,复共和,终身护共和,伟矣,勋名垂后世;
似民国,非民国,何日成民国,哀哉,忧患死先生。

曹玉田

殊绩壮山河,所存者神,所过者化;
大名垂宇宙,其生也荣,其死也哀。

暂编陆军四师炮兵团第三营营长 曹玉田

曹壮父

曰奋斗,曰牺牲,曰百折不回,综四十年革命精神,浩浩巍巍,往绩独留空往古;
哭导师,哭救主,哭孤星遽陨,洒千万斛平民血泪,凄凄切切,怆怀何止服心丧。

曹壮父(1896—1929),湖北阳新人。1928年11月任中共湖北省委常委兼组织部长。1929年2月被国民党政府逮捕。同年3月4日在武昌就义。

曹振铎

尽瘁国事垂四十年,易箦犹言当奋斗;

269

提倡民权历数万里,董狐有笔记典型。

黄亮

雅才远播东西外,

正气长留天地间。

黄郛

(一)

危舟泊岸甫抛篙,正前瞻靡止,后愿无涯,惊心雨骤风狂,只切望公如望岁;

沧海横流资作柱,讵紫气初来,白云遽掩,叹息山颓木坏,孰将斯道觉斯民。

(二)

天下事尚可为,五权三民,在后死与有责;

共和年同不朽,千秋万祀,微先生其谁归。

黄浩

左拿炸弹右执手枪,勇往向前,杀尽军阀强权,取消不平等条约;

全体国民共伸义愤,奋起直追,夺回真正和平,成中山未遂之志。

黄骏

国事未宁思国父,

先鞭难着恸先生。

黄一欧

大英雄百折不回,别有锋棱震夷夏;
先君子九原相见,能无涕泪话河山。

黄一欧(1892—1981),湖南长沙人。黄兴长子。

黄大熙

紫金山福地寿千秋,埋到英雄真有幸;
共和国彩旗光五族,说来创造是谁功。

黄之魁

尺土不凭,汉族光明回大地;
鞠躬尽瘁,天云惨淡慰英雄。

黄中汉

举国含哀,共痛中流摧砥柱;
吴天不憖,徒怀山水仰高风。

黄开文

合五族以共和,大义庶几绍汤武;
披列邦之史册,高名应许继华拿。

黄长新

上寿靳元勋,正气终当弥宇宙;
中原失先觉,伤心谁复抑强权。

黄汉澄

灭帝制于势焰气盛之时,竟建奇功百粤风云标异帜;
葬先生于虎踞龙盘之地,又添佳话六朝烟草吊英灵。

河南　黄汉澄

黄汉魁

一手创造民国,经几许困难,履几许风霜,卒能扶舍批政争还自由,国父之精神与日月争光,过遇时局如斯,半途而废,后事何人支撑,老天何故夺我万里长城,使四百兆同胞放声一哭;

终身锐意共和,吃多少辛苦,洒多少血泪,才能排除专制收回主权,总理之威仪共天地并行,虽然邦运乃尔,有志未成,今日那个不悲,彼苍居然废公册年勋绩,致廿四省黔首遗恨千秋。

川沙　黄汉魁

黄叶村

尽大人物亲举灵輀,是何哀典;
流老百姓几点真泪,只有先生。

272

黄兆兰

六七十次最后忍死号呼,奋斗期国民,铜像无须留纪念;
几千万人各方纷来吊唁,悲哀动天地,铁狮亦解泣行辕。

黄伯耀

廿载追随,忆当年海外逃亡,军糈难筹,孤灯对洒英雄泪;
一生奋斗,痛此日党中无主,国基未固,同志完成革命功。

美洲华侨代表 黄伯耀

黄岐春

富贵不淫,贫贱不移,威武不屈,此之谓大丈夫;
泰山其颓,梁木其坏,哲人其萎,死而后有定论。

黄宗泽

伐暴攘夷,功盖商周洪武,青史别开,是五千年来布衣王者;
经邦敷教,身兼将相师资,黄泉赍恨,哀四百兆民后觉先知。

黄昌谷

幕府感殊恩,忆关中转饷,闉外记言,南北追随一知己;
中原论革命,问生前救民,死后垂教,古今凭吊几明神。

黄昌谷(1889—1959),湖北蒲圻人。1923 年至 1924 年,任孙中山大元帅府大本营宣传委员、大元帅行营金库长、大本营会计司司长、大本营秘书等职。后曾任武昌市政厅厅长。

黄明第

将数千年专制推翻,功在民国;
为四百兆同胞奋斗,力争主权。

黄际鸿

应运建共和,数十年艰苦备尝,前不见古人,后不见来者;
饰终崇典礼,千百载英灵永在,下则为河岳,上则为日星。

黄秉恒

七千里辗转入都,南北携手,中外倾心,恨天不假年,到此成为未了愿;
四十载奔走革命,帝制虽除,民权尚稚,叹时方多事,从今责在后来人。

赣人 黄秉恒

黄建勋

四十年奔走,风尘饥溺,为怀遗烈能增邦国重;
数十年追随,鞍马恩私,独渥深悲未觉涕泪多。

黄恭辅

肇我民唯元祀,此德此功,不废江河流万古;
闻公丧苦和忧,无中无外,俄看哭遍五大洲。

黄绍荣

范希文先天下而忧,半生栉雨沐风岭海,蔚兴名世业;
华盛顿为全球所仰,此日素车白马京畿,痛说大星沉。

湖北乡晚　黄绍荣

黄祝尧

抚我后虐,我仇剑及,屡及投袂前驱,著三民五权遗规,伟矣名满天下;

道以德齐,以礼富之,教之步趋先哲,辟知难行易真理,赫然功在人间。

黄复生

前不见古人,后不见来者,独立苍茫应生百感;
先天下而忧,后天下而乐,三民主义自足千秋。

重庆　黄复生

黄复生(1883—1948),四川隆昌人。1912年任四川军政府驻南京代表、南京临时政府印铸局局长、临时参议院议员。1917年任四川国民军总司令。1926年任国民党第二届中央执行委员,1933年任国民政府委员、总统府国策顾问等职。

黄奎元

自古皆有死，可恨壮志未酬，莽莽中原凭谁挽；
此日赋招魂，太息伊人宛在，茫茫大地竟何之。

黄敦慎

抱空前绝后奇才，任他险阻艰难，百折不回，专制铲除肝胆裂；
定三民五权大法，还我自由平等，万方共仰，浩气长留天地间。

黄简门

临死不失奋斗精神，闻总理最后呼声，谁是来者；
虚生应非男儿气度，愿同志竞相兴起，莫负先生。

黄靖海

革命未成功，公愿中原难瞑目；
同志须努力，我闻进言倍伤怀。

黄德铣

翻二十四史帝王成案，艰难缔造，变政体为民主共和，其事其人死且不朽；
扫五千余年专制淫威，惨淡经营，跻同胞于自由平等，此功此德吾无能名。

黄镇磐

　　醒五千载尊王迷梦,三民主义昭如日月,建国有成书,何必帝尧舜而君汤武;

　　老四十年革命元勋,一旦长辞丧同考妣,盖棺凭定论,岂仅追林肯以济列宁。

上海　黄镇磐

黄赞熙

　　大名垂宇宙,
　　浩气作河山。

黄麟书

　　诚彼国贼,抗彼列强,誓竟先生遗志;
　　夺我精神,拼我头颅,甘为主义牺牲。

　　黄麟书(1893—1997),广东龙川人。1925年后,曾任黄埔军校第六期政治教官,广东军事政治学校政治总教官,中国国民党第五、六届候补中央监察委员,国民政府考试院考试委员等职。

黄耀五

　　树建国规模,志无稍懈,而今遗憾都门,悲风倍洒英雄泪;

持三民主义,死矢靡他,此后流芳史册,正气常萦奋激秋。

黄乃穆等

破坏将终,建设伊始,胡不待革命成功,公先去也;
风雨欲来,潮流正急,何忍卸仔肩重任,谁能继之。

南京　黄乃穆、葛天民

黄文祺等

赤手造共和,倬彼云汉;
大名垂宇宙,莫不尊亲。

陆军少将　黄文祺、周嵩岳、谌鸿鋆

黄惠龙等

十年随侍,累月服劳,更有遗言入心坎;
五宪犹悬,三民未竟,空留主义在人间。

黄惠龙、马湘

黄惠龙(1878—1940),广东新宁(今台山)人。曾任孙中山卫士、大本营卫士队副队长、大本营参军处副官等职。后任南京中山陵园拱卫处处长、省港海员工会主任委员。

马湘(1889—1973),广东新宁(今台山)人。曾任孙中山卫士、大本营卫士队副队长、大本营参军处副官等职。后任南京中山陵园警卫处处长。

黄振权等

景仰革命元勋,五族建共和,俎豆馨香祀先觉;

恢复国际平等,三民倡主义,羲皇华胄共争先。

黄振权、岑峻峰

黄嵩龄等

理想高千古,公义抗强权,大丈夫浩气满怀,可谓贫贱不移,富贵不淫,威武不屈;

三民树风声,五权胚宪法,千秋下群流仰镜,洵是好学近智,知耻近勇,力行近仁。

乡晚生黄嵩龄偕男建勋

黄耀佳等

善揖让,亦善征诛,大莫能名,论史殆无奇杰似;

精破坏,更精建设,高虽招忌,盖棺还使敌人钦。

广东 黄耀佳、张翌宸

鹿钟麟

但凭奋斗精神,能将五千年古国改造共和,所谓立德立言立功唯我公,当之无愧;

正值风云变幻,不为四百兆同胞愁遗一老,幸留民权民生民族各主义,久而弥光。

京畿警卫总司令 鹿钟麟

龚义方

历四十年改造国家,立德立功立言,郁葱正气未天地;

为亿万众特标人格,大知大仁大勇,超越群伦冠古今。

建国滇军总司部副官长　龚义方

龚仁杰

普海起悲声,挽救中华,当继续先生未竟志;

商人应觉悟,振兴实业,须收回关税管理权。

龚忠淦

悲其遇承其志,努力竟全功,责在后死;

人以诈我以诚,舍身赴国难,贤哉先生。

上海　龚忠淦

龚心湛

是异人笃生,英气犹将千载凛;

以国事为重,微言还愿九洲同。

龚心湛(1871—1943),安徽合肥人。1919年1月任北京政府财政部总长兼币制局督办、造币厂总裁。6月兼代国务总理。1924年11月任段祺瑞执政府内务部总长。1925年11月署交通部总长。1927年6月任耀华玻璃公司总董。晚年居天津,任中国实业银行、通益味精公司董事长等职。

龚心湛等

英誉腾寰海，
哀音动国门。

龚心湛、王未暨内务部同人

昆泰等

应世界之大，同十年前广济禅林，遁翁尚在，两族联欢，述势陈情何磊落；

摹欧洲合众，其千载后中央社稷，遗像长留，三民共仰，歌功颂德更真诚。

国民党党员满人昆泰代表全体万五九二三名

符荫等

倐传耗音，千百兆压迫人民，失恃失怙，问谁依诉；

誓守遗嘱，五十万后死同志，善继善述，慰公英灵。

国民党党员　符荫、王器民、伍钟英等

董玉墀

公禀天坠正气而生,百折不回,是乃真英雄大豪杰;
我为国家前途一哭,元勋遽殒,孰与挽狂澜遏横流。

董遇春

除专制,创共和,有志事竟成,最注意三民主义;
由破坏,思建设,此心终不死,洵无惭一代伟人。

黑龙江采金局长　董遇春

董鸿词

忝附旧同盟,往事堪思,犹自诩初心未死;
为语诸先烈,英灵不昧,更默相革命成功。

重庆　董鸿词

董国英

袍泽十余年,粤护法,扈潜踪,呼马呼牛呼革命,星驰关国事;
疾病三阅月,药乏灵,医乏术,化猿化鹤问天翳,蹉叹恸元勋。

董福田

　　救同胞而革命,争正义而革命,十三载天灾人祸,竟违志愿,问心应有愧同胞;

　　哭先生以痛泪,感时局以痛泪,忆万民共劫匪患,待拯至情,殷血泣切吊先生。

董效舒

　　先生与华拿并著,

　　国民似猿鹤同啼。

董自由等

　　真精神哪怕蹂躏,有先生英灵,有吾党铁血,威武不屈,贫贱不移,主义自然行天下;

　　好同胞一齐猛醒,速铲除军阀,速平息政潮,三民能申,五权能立,我公永在人间。

董自由、陈竟成

董道坤等

　　独往独来,名垂宇宙;

　　已饥已溺,泽被民生。

董道坤、余宪甫、聂维桢

283

童文旭

亘古一人,华夏一人,遗嘱遍赤县神州,雪尽犹留鸿爪住;
民国万岁,先生万岁,招魂来白门钟阜,月明应有马蹄归。

江宁公立第二小学校校长童文旭

童同报

行之易知之难,一语重千钧,为泯沌民特开新境域;
青我天白我日,五权平两大,俾黑暗国重见巨光明。

上海　童同报

童庆高

天上大星沉,万里云山同惨淡;
人间寒雨迸,三军笳鼓共悲哀。

东路讨贼军留闽第一师第二独立团团长　童庆高

童宪章等

至大至刚,历万古而精神不死;
先知先觉,惜一时之继起无人。

四川同盟纪念会理事　童宪章、朱之洪

鲁琛

誓遵先生遗嘱,完成革命;

284

要求民国独立,废除条约。

山东　鲁琛

舒翎

先生已去,中流砥柱竟何人;

革命垂成,四海苍黎齐属目。

程式

三民未张,五权未立,痛哉,先生含悲撒手;

内乱如蔓,外乱如麻,勉矣,吾辈努力担肩。

山东　程式

程疆

具世界眼光,促进同化;

有主义革命,尽瘁共和。

程凤祥

失败一次,则精神更紧张一次,今朝体魄云亡,敢信灵魂未死;

功业千秋,其学说亦传播千秋,我辈师承有志,却惭创造无才。

川沙　程凤祥

程安宏

鼎新革故,本以救济吾民,怪他造物不仁,翻尽波澜成此局;
攘利争权,皆足摧伤国脉,看彼诸人结果,载将史册孰如公。

无锡　程安宏

程华钦

除帝制倡民权出死入生,卒教革命成功,拯我同胞离苦海;
外强邻内军阀侵陵蹂躏,讵意元勋溘逝,问谁只手挽狂澜。

南洋马来中华教育总会代表　程华钦

程希贤

提倡三民主义,心血耗罄,目的未达身先死;
创造五族共和,鞠躬尽瘁,感怀邦禁泪沾襟。

程雪春

大蛰起羊城,王气消沉,民邦涌现;
明星陨燕市,士夫挥涕,草木含悲。

程康恩

为四百兆同胞所仰,
开廿五朝民治之先。

286

程敬琦

毕一生为国宣劳,后乐先忧,志趣无惭范文正;
积十载因公构疾,事烦食少,遭逢恰比武乡侯。

歙县 程敬琦

程鸿寿等

古刹名山,招魂小憩;
青天白日,与世长留。

中法大学西山学院学生 程鸿寿、郑孝春

韩峻

垂老困南疆,抵不开瘴雨蛮烟,惨淡十里屈北伐;
乘时入京国,历几遍荆天棘地,飘摇万里怅西归。

蒲城 韩峻

韩方正

推翻满清专制,复我华夏自由,大名垂千古;
打倒帝国主义,解放弱小民族,英风遍五洲。

韩凤章

一生为国宣劳,东亚竟成民主治;
此日招魂致祭,西风犹掣自由旗。

韩玉辰

揭三民于新旧元黄之交,以胎以养以长,而后有新中国;
以一身当艰难缔造之任,不淫不移不屈,此之谓大丈夫。

韩玉辰(1885—1975),湖北松滋人。曾任鄂军政府刑事司司长。

韩宾礼

共和国五族荣光,运会更新,天地有心生此老;
经画皆百年至计,河山待整,人民咸痛堕长城。

韩复榘等

全球震革命元勋,举亚洲欧洲非洲澳洲美洲,共钦伟业;
中国失民权砥柱,合汉族满族蒙族藏族回族,同国哭先。

暂编陆军第一师一旅旅长韩复榘率全旅官佐目兵夫

蒋群

痛念遗言几千遍,国民奋斗;
载诸历史亿万年,姓字馨香。

蒋丙然

大地走龙蛇,叹并起群雄具世界眼光,如我公有几;
先声摄狐鼠,竟未加一矢返河山指顾,比朱明若何。

山东 蒋丙然

蒋作宾

破五千年积习,革故鼎新,创造精神推巨擘;
开亿万世大同,置纲存纪,继兴事业属吾人。

　　蒋作宾(1884—1942),湖北应城人。1911年任军政府参谋长。中华民国成立后,任陆军部次长。1927年后,历任驻德公使、驻日大使、内政部长、安徽省政府主席、国民党党政工作考核委员会政务组主任等职。

蒋朱英

记当年夫婿,屠龙压线征袍随虎节;
惊此日元勋,化鹤挑灯洒泪到鹃花。

上海　蒋朱英

蒋昌龄

读建国纲,精神未死;
听盖棺论,大名独存。

蒋武森

扫清五千年秽史,
传遍九万里哀音。

常熟　蒋武森

蒋泽霖

争博爱,争平等,争自由,半生之革命以此,半生之护法以此;
救种族,救国家,救世界,主义常缩小如斯,主义常放大如斯。

蒋拱宸

不淫不移不屈,备尝险阻,革命卒达成功,此之谓丈夫气概;
民族民权民生,到底坚持,临终犹呼奋斗,询无愧国史元勋。

松江第三中学校校长　蒋拱宸

蒋鸿遇

(一)

功在国家,砥柱中流成伟业;
惠施闾阎,立碑岘首纪哀思。

(二)

天何不慭遗老,念英俊堪嘉,半生勤劳为国事;
世皆毁望我公,痛沉疴弗起,千秋遗爱在民间。

蒋鸿遇,直隶(今河北)固安人。1924 年任冯玉祥部留守北京司令兼警察总监。1925 年任甘肃督军署参谋长。1926 年任西北军第十二师师长、第七军军长兼总预备队总指挥。

蒋锡韩

以坚苦卓绝精神,手创五族共和,世变历沧桑,四十年如一日;

具宏远高深知识,首阐三民宪治,大名垂宇宙,百千载有几人。

蒋尊簋

东粤亲征,北燕命驾,忆昔年患难相从,风雨难鸣尝胆苦;
岁慕归来,春初闻耗,痛此日形容顿杳,钟山龙骨黯消魂。

蒋尊簋(1882—1931),浙江诸暨人。辛亥革命时曾任广东都督府军事部长、浙江水陆各军军统、浙江都督等职。1917 年任浙军总司令。1921 年任广州国民政府军政部次长。

景耀月

绩已迈华林,要致得一国兴仁,一国兴让;
世苟薄汤武,将不知几人称帝,几人称王。

芮城帝召 景耀月

景耀月(1883—1944),山西芮城人。1912 年任南京临时参议院议员、教育部次长、南京法政大学校长,参与制订《中华民国临时约法》。次年当选为国会众议院议员。1917 年在山西、河南组织靖国军,任总司令。

傅文安

河口硝烟,珠江弹雨,金陵血渍,汉皋劫灰,把共和告成,
只凭却一片丹心两只赤手;
辽阳鼙鼓,燕塞风尘,渤海狂澜,昆明骇浪,正时艰孔急,
更谁作中流砥柱万里长城。

江西 傅文安

傅四维

政权能让袁项城,那知假总统名,煎成煮豆,入皇帝梦,祸引阋墙,爱国问谁真,说起共和,过去未来皆感慨;

泉路若逢朱太祖,谈到元亡清覆,功业相同,君主民权,公私各异,盖棺今定论,贤于尧舜,千秋万世极哀荣。

察哈尔全区垦务坐办　傅四维

傅先培

革命尚未成功,是先生临终恨事;

同志仍须努力,继我公未竟勋名。

傅运恒

开五千年后新纪元,他日功成毋忘先觉;

忆四十载前兴中会,当时力创谁识真诠。

湘乡　傅运恒

傅恩泽

披肝沥胆,命也如何,两字精诚为谋国是;

尽瘁鞠躬,死而后已,一心注重唯在民权。

傅德章

道其犹龙乎,定大计决大疑,东西洋同钦伟略;

公竟化鹤矣,慕厥名忆厥绩,南北派共悼斯人。

耀县保安总司令部第一支队　傅德章

傅德贵

推翻专制改建共和,数十年孤诣苦心,期贯彻三民主义;
国家元勋政党首领,亿万世歌功颂德,允不愧千古馨香。

陆军部两翼垦务局局务总办　傅德贵

道阶

倡共和主义树鼎革元勋,威烈真震天下;
教平民阶梯为国家保障,大名足遍寰中。

法源寺主持　道阶

彭石

秉天地正气以生,公自大名垂宇宙;
为人民自由而战,我来何处吊英雄。

彭纶等

读先生甲午万言书,始觉太傅荆公瞠乎其后;
翻近代历史贰臣传,会看名流执政杂然陈前。

彭纶、鲍成美、饶庆明

彭光泽

倒专制建共和,勋名丕著口皆碑,历数十年险阻艰难出死入生当大任;

抗强权除军阀,事业未成身已殒,愿四百兆弟兄姊妹同心戮力挽狂澜。

彭养光

辟五千年新宇宙,流唐漂虞荡商涤周,历数已在躬,乃不效刘李赵朱自王自帝;

整九万里旧乾坤,天覆地载日照霜坠,盛德之及人,综无论恩仇友敌同哭同声。

彭养光,湖北钟祥人。武昌起义时,任湖北都督府参议。

彭家元

阿兄为民族捐躯,大功未成,予小子日就月将,一切牺牲拼后死;
天下数英雄有几,元勋遽丧,廿世纪风诡云谲,四方多难哭先生。

蜀西　彭家元

彭建标

自推翻两度帝制之后,进而倒军阀,进而倒财阀,四十年革命精神光耀今古;

主废除列强条约以来,言必张民权,言必张国权,二三载陈词慷慨震慑东亚。

彭桂园

辛亥革命成功,复经袁冯徐曹违法推翻,是国人误共和,非共和误中国;

甲子商团肇变,回溯广韶惠汕阋墙构难,非先生负子弟,是子弟负先生。

山东　彭桂园

彭邦栋等

谁云一统未完成,只此哀电纷驰,薄海人皆哭国父;

不信三民难实现,奈何大年莫假,伤心我欲问天公。

彭邦栋率侄章达、侃、维岳

曾唯

一老不遗,天胡此醉;

九京可作,人百其身。

曾毓隽

险阻备尝,卅年碎肝胆;

共和先导,只手转乾坤。

曾毓隽(1865—1963),福建闽侯人。1918年任北洋政府国务院秘书、国会议员、交通部次长兼国有铁路督办、交通总长。

曾竞先等

魂气归天,形魄入地,谓公以为死耳;
劈开专制,建成共和,从古曾未见之。

曾竞先、张清夫

智之才

前不见古人,后不见来者;
下则为河岳,上则为日星。

葛昊

列宁怀抱谁相谅,
洪武勋庸不自居。

天水　葛昊

葛荫春

造世界共和易,造人心共和难,吁嗟革命元勋,肝胆披沥
未完壮志;

抱三民主义正,抱平等主义公,唯愿同胞先觉,鞠躬尽瘁
莫负初衷。

葛隆运

民权赖以恢复,如此英雄奚为砥柱;

国事仍属艰难,凡有血气莫不悲伤。

温树勋

凭言论以著绩,三民五权之主张,始终坚忍,不愧芳徽标青史;

因革命以成名,兴中护法之宗旨,光明磊落,竟留余恨驾黄泉。

胶澳商埠警察保安第二大队长　温树勋

温树德

(一)

托法齐襄公,复雠是麟经大义;

追踪华盛顿,创业为民主新邦。

(二)

曾从革命共艰危,出死入生,楼船我愧晋王浚;

阐发共和真意义,三民五宪,木铎公今鲁孔丘。

山东　温树德

温树德,山东益都人。1927年6月,被北京政府任命为海军部次长。1928年4月任南京国民政府军事部海军署次长。

焦子静

愈失败愈成功,始终不忘革命;

297

能破坏能建设,古今唯有先生。

焦易堂

先生竟千古,
民国第一人。

焦易堂(1880—1950),陕西武功人。1918年后,曾任海陆军大元帅府参议、中华民国总统府参议、国民政府立法院立法委员兼法制委员会委员长、考试院考选委员会委员、最高法院院长等职。

释太虚

但知爱国利民,革命历艰危,旅仆屡兴成大业;
不忘悟人觉世,舍身示群众,即空即假入中观。

释太虚(1889—1947),俗名吕淦森。浙江崇德人。曾任中国佛教学会会长、中国佛教整理委员会主任。

释阐隐

东南大陆尚有啼痕,一统未成目终不瞑;
今古英雄同声大哭,众生仰望魂兮归来。

储光霁

为蒸民独倡鸿谟,钜任只身肩,夙愿未偿留隐恨;

与多士同挥鹃泪,大名千古著,英灵不泯慰初衷。

吴江黎里警察分所长　储光霁

粟显运

至尊薄而不为,虽列宁其何及;
使异党亦心服,岂林肯之所能。

谢持

敌者哀,忌者吊,毁者太息,真心救国,故能遐迩咸动异趣者亦赋同情,揭橥是三民五权,死矣乃见其大;

党事涣,国事乱,人事难知,在耳遗言,倘得正确遵行天下事洵犹反手,此志如晴天白日,谁乎不负先生。

谢持(1876—1939),四川富顺人。1924年后,曾任国民党中央监察委员、国民党中央特别委员会常委、国民政府委员。

谢晋

生斯人也,觉斯民也,世界未跻大同,胡为已矣;
老者安之,少者怀之,天下犹有饥溺,将欲如何。

建国军北伐总司令党务处长兼建国军讲武堂政治部长　谢晋

谢晋(1881—1956),湖南人。早年加入中国同盟会。

谢敦

论定盖棺,到今朝才彰公理;
强邻耽视,知夜台莫慰忠魂。

谢仲复

生死原来归大局,
是非本不在当时。

上海华盛贸易公司总理　谢仲复

谢远涵

两语生平服膺,孔曰大同,耶曰博爱;
三杰并峙鼎立,印有甘地,俄有列宁。

谢远涵,江西兴国人。1916年曾任北京政府内务部总长。1922年署理江西省省长。1928年任国民革命军第四集团军总司令部秘书处长。

谢鸿勋

天不憖遗,溯推翻专制,创建共和,时势造英雄,廿四史中殊罕见;
公真如在,唯丝绣平原,金摹少伯,大名垂宇宙,亿千年后更犹生。

松江　谢鸿勋

蓝义玉

追悼原为小事，
继述乃是宏图。

山东 蓝义玉

蓝鸿图等

革命著勋猷，国史千年传不朽；
主义遍寰宇，民权两字痛未伸。

山东 蓝鸿图、傅继苏

蒙民伟

其人是儒是佛，是豪杰是圣贤，名高千古；
一生为国为民，为天下为后世，泪洒五洲。

广西国民党支部长 蒙民伟

楼廷璠

倒军阀未成，倒逆贼未成，倒侵略主义未成，壮志难酬，重任一肩属后起；
弃同盟而去，弃国民而去，弃苏联友邦而去，古人不作，齐挥两泪哭先生。

浙江 楼廷璠

靳谦

对列强争平等,为公众争自由,革命维新,名在寰球功在汉;
做总统不要钱,卫国民不怕死,盖棺论定,心同日月义同天。

鼓程万

殚四十年精神,造成共和,先生真不朽;
合五大洲民族,如失慈母,吾觉难为情。

路承簪

发挥民治,舌敝唇焦,历欧西,游日本,有志竟成,铲除四
千年专制,还我河山光汉族;
未获全功,天崩地坼,薨蓟北,葬金陵,虽逝犹生,建造亿
万世共和,长留铜像峙神京。

黔西　路承簪

解挂棻

世界一人,群生委望;
中华元首,万众同尊。

简书

独出独入独往独来,自有大名垂宇宙;
如神如天如日如月,曾将只手挽乾坤。

褚辅成

国而忘家，公而忘私，革命亘四十年，愧附末光才廿载；
前无古人，后无来者，遗型传亿万世，管教主义附三民。

褚辅成（1871—1948），浙江嘉兴人。1917 年任护法国会众议院副议长。1927 年任浙江省政务委员兼民政厅长。抗日战争时期任国民党参政会参政员。后曾任上海法学院院长。

蒯立诚

死后纪荣哀，足以左右国民新旧的思想；
贤者多责备，乃能唤起吾党奋斗之精神。

蒯寿枢

廿余年前国事商量，我为诤友；
二十世纪民始创造，公其至人。

雷昺

殚毕生心思才能改造邦基，大业犹未成，终赢得名满天下，凉谤天下；
为举世弱小民族力伸公愤，英雄曾有几，怕莫是俄国一人，中国一人。

雷荣璞

哀导师，痛国父，革命未成，遽弃我悲；
除军阀，倒列强，奋斗胜利，焉待后人。

雷荣璞(1904—1959)，又名雷经天。广西南宁人。1925 年加入中国共产党，任黄埔军校宣传科长。1928 年任中共广西特委委员。1929 年，当选为广西省农民协会主任委员、右江苏维埃政府主席。抗日战争时期，任陕甘宁边区高等法院院长。

雷浩仁

光复中华，扭转乾坤昭白日；
功同盘古，辟开混沌见青天。

蜀北　雷浩仁

雷鼎兆

四十年革命精神如一日，
五大洲同声哀悼足千秋。

虞协

学通中外，才冠古今，复汉建共和，伟烈丰功垂百世；
名著春秋，品昭日月，排满除专制，馨香俎豆祝千秋。

中国国民党浙江萧山县党部执行委员　虞协

赖金胜

无国家即无人民,四百兆托命方殷,寸草难言酬大德;
能破坏斯能建设,十余年劳心未息,九泉有泪到同胞。

福建　赖金胜

--- 十四画 ---

蔡寅

大名垂宇宙,
遗恨满江湖。

蔡瑄

　　尽瘁国事,不治家产,即此一节,已足励末俗而愧群雄,彼
衮衮诸公夺利争权,残民以逞,为作儿孙马牛何计黎庶饥寒,
闻先生风能无羞煞;

　　革新社会,永定和平,期竟全功,岂料方远来遽行长逝,叹
茫茫前途投艰遗大,继志其谁,欲慰在天之灵无忘临终所嘱,
是后死责愿各勉旃。

蔡元培

是中国自由神,三民五权,推翻历史数千年专制之局;
愿吾侪后死者,齐心协力,完成先生一二件未竟之功。

蔡元湛

时事复何言,才定得共和虚名,吾党那堪失先导;
主义终不灭,试一听瀛寰各国,平民到处起悲歌。

吴江　蔡元湛

蔡公时

不怕死,不爱钱,凭一个新脑经,撑开天地;
是圣贤,是耶佛,抱三种大主义,直贯古今。

蔡公时(1888—1928),江西九江人。先后任广东大本营陆军部练兵处秘书、国民党上海工统委员会委员、国民革命军总司令部战地政务委员兼外交处主任、国民党政府外交部山东交涉员。

蔡钜猷

奉命出治兵,方期橐鞬,从公沙场,尚可供驱策;
临危呼努力,犹念苞桑,立国风雨,何堪再动摇。

建国联军湘军第六军军长　蔡钜猷

蔡钜猷(1875—1933),湖南益阳人。1923年7月任湖南讨贼军湘西第一军军长。后任川湘黔边防总司令等职。

蔡孝宽

誉无益,毁无损,成败是非功罪,何足论于今日;

达不淫,穷不移,热心毅力精神,愿共法乎导师。

吴江 蔡孝宽

蔡诒忠

说什么刘季朱元璋抱寡人眼光,何其小耶,唯我公千磨百折,忧苍黎,忧国家,革命奏奇勋,神州历史辟新局;

论起那列宁华盛顿持一部目的,犹有憾也,看先生五权三民,爱社会,爱世界,明星突隐曜,寰海同声哭逝魂。

督办湖北军务善后事宜驻京办事处处长 蔡诒忠

蔡廷干

维新创局开千古,
身后哀思动万民。

蔡绍忠

说什么刘季朱元璋抱寡人眼光,何其小耶,唯我公千百磨折,忧苍黎忧国家,革命奏奇勋,神州历史开新局;

论起来列宁华盛顿持一部目的,犹有憾也,看先生五权三民,爱社会爱世界,明星突隐曜,寰海同声哭逝魂。

蔡鞠塍

是真人,是至人,对人类负全责,神化天行无愧青天白日;
申大义,申主义,举义师除不祥,星沉雨泣永怀时雨熏风。

山东 蔡鞠塍

蔡翊唐等

革命合天人,能反征诛为揖让;

大名垂宇宙,莫将成败论英雄。

蔡翊唐、张德藩

蔡崇惠等

持三民主义贯彻初衷,四十年惨淡经营,如公有几;

遗五族共和铲除专制,亿万兆悲泣哀悼,虽死犹生。

宿迁埠子市市董 蔡崇惠、陆树田

廖行超

勋名光史乘,

风雨泣灵旗。

建国滇军第二师师长 廖行超

廖廉能

风雨尚飘摇,只今木坏山颓,三五约言,孰更天完成革命;

国家方缔造,偏是水深火热,二重追梦,公先擎手殉同盟。

裴云庸等

只手造共和,俄之列宁美之林肯;

大名垂宇宙，社会先觉民国元勋。

裴云庸、何星辅、童庸生、邓懋修

谭玉峰

　　祖炎帝为神医专精两法，拯民命济时艰，此翻蓟北停车，幸福望群生，竟失仁慈医国手；

　　本基督之圣教以救中华，创共和除专制，今后迦南入座，在天多灵爽，愿留博爱教人心。

山东礼贤中学校教务长　谭玉峰

谭其年

　　公不少留，犹有余音呼救国；

　　我将安仰，曷禁流涕读遗书。

吴江　谭其年

谭延闿

（一）

　　旭日丽中天，数千古英雄，孰堪匹敌；

　　大星沈朔野，率三湘子弟，共哭元戎。

（二）

　　先觉觉后觉，先知觉后知，其自任天下之重；

　　有饥由己饥，有溺由己溺，微斯人吾谁与归。

谭廷献

民无能忘,是三民主义标榜者;
国赖以立,为吾国共和创造人。

丹阳　谭廷献

谭家骏

廿世纪贤豪崛起,倡正义在林肯列宁之间,革专制堪称三杰;
五千年统绪相承,创奇局于帝祎皇煌而外,造共和首推一人。

山东古北海　谭家骏

谭德昭

踢翻帝国专制,提倡民权自由,一片丹心功绩何须论成败;
平生茹苦舍辛,到死披肝沥胆,千秋青史先生必定是英雄。

管成彩

先生乃新中国先河,为实现三五主义而来,奈何造物忌才,先生竟死;
后死亦老同盟后进,曾参加武汉革命之役,不料频年茹苦,后死虚生。

翟国尹

本三民五权之主义,实行责任还在后死;

历千辛万苦而共和,底定缔造全仗先生。

彰邦栋

公真大雄现世补天, 浴日建奇勋, 看此番亿万众热泪齐挥,足征遗爱在民,空前未有;

我亦螳臂当车覆楚, 捶秦怀壮士, 试回忆二十年竭诚随侍,每恨时艰无穷,抱恨良多。

参议院议员　彰邦栋

熊少豪

革命卅年,功同汤武为较易;

谋国百世,忠等伊周而殊难。

熊少豪,广东新会人。1935年出任冀察政务委员会外交委员会委员。

熊以谦

公为革命先锋队,教国救民,已经是舍死忘生杀将过去;

我是先生后备军,问心问责,都该要挺枪跃马追上前来。

中大学生　熊以谦

熊希龄

横览太平洋,宪法五权,补华盛顿所未备;

311

纵观新世界,民生一义,较马克思为尤精。

熊克武

（一）

与民国性命相依,讨贼成功身遽死;

失吾党创造先觉,枕戈待旦泪频挥。

（二）

上台星遽陨,恸千里噩耗飞来,缟素三军歌楚些;

击楫志空存,愿指日中原底定,初元故礼告钟灵。

四川讨贼总司合兼建国军川滇黔联军前敌总司令熊克武率全军将士

熊克武(1884—1970),四川井研人。历任四川讨袁军总司令、川滇护国联军总司令、重庆镇守使、四川靖国军总司令和讨贼(曹锟、吴佩孚)军总司令、国民党中央执行委员和中央监察委员、国民政府委员等职。

熊绍坤

一生事业在博爱二字之中,三民主义放四海而皆准,五权宪法虽六洲其可推七千里,为国跋涉而来,又谁知八表皆昏九阳竟厄;

九门挽歌合中外八方同悼,六粒胆砂隐七年而膏肓,四句遗言加五族以针砭三千界,撒手优游以去,忍对此二月春京一哭英雄。

熊梦宾

帝制推翻,共和创造;

宪法五权,主义三民。

山东　熊梦宾

熊昆山

国民会议待公产生,公胡遽死；
革命事业嘱我努力,我岂敢辞。

山东　熊昆山

寥炎

道在大同无种族,阶级晋受其赐；
世生见觉亘五洲,万国共哭斯人。

十五画

颜一彦

为西南撑半壁山河,冀统一和平,长资柱石；
是中国第一流人物,胡善后攸赖,遽陨台星。

福建永春县　颜一彦

颜大铺等

具文天祥怀抱,秉史可法胸襟；

有拿破仑远略,建华盛顿奇勋。

吴县公民　颜大镛、国民党员　彭泽

颜惠庆

大陆芒芒,问善治何如,诵遗嘱齐看下泪;
同胞济济,知新民有托,祝后生克竟全功。

颜惠庆(1877—1950),上海人。历任北洋军阀政府外交部次长和总长、内务部总长等职。1922年曾署理国务总理。1926年以国务总理摄行总统职权。南京国民党政府成立后,先后任驻英、苏大使和出席国际联盟大会首席代表。

樊钟秀

崎岖历长江大河,深维受命,专征百战,酬知殊未效;
恸哭叩皇天后土,便使收功,北伐孤军,献绩更何途。

樊钟秀(1888—1930),河南宝丰人。1924年当选为国民党一大候补中央监察委员。1927年曾配合北伐军与吴佩孚作战。

潘乃德

五千年来此人豪,上帝开筵争让座;
四百兆民丧国父,万家绣佛共焚香。

众议院议员　潘乃德

潘尚武

沧海横流,先生竟为苍生死;
普天同悼,吾辈应完革命功。

吴江 潘尚武

潘侠忱

有开拓万古心胸之识,有推倒并世豪杰之才,二十五史无此人,只觉盖棺难定论;
为恢复种族自由而生,为筹划国家统一而死,四百兆民受其赐,允宜铸像表哀思。

潘蕴巢

起中国自披发,左衽以还如其仁耗矣;
利天下斯摩顶,放踵而赴虽则敌哀之。

潘赞化

南北阻关山,探病三千里,谆谆辨知行,吾无间言矣;
东西遍江海,追随廿五年,巍巍迎功德,民何能名焉。

潘是汉

志在三民,道在三民,忆横滨致和堂两度握谈,卓有精神贻后死;

忧以天下,乐以天下,被帝国主义者多年压迫,痛分余泪哭先生。

越南国民党　潘是汉

黎元洪

江汉启元戎,仗公同定共和局;
乾坤试回顾,旷世谁为建设才。

黎受五

仓皇惊噩耗,五洲雾塞,百粤星沉,谁将大纛宣扬,恨我因循迟负弩;

崇拜在髫龄,事经几挫,志尚未灰,差幸军旗重试,恃公主义做冲锋。

河南　黎受五

黎伯华

抱三民主义,毅力苦心,举廿四史豪杰英雄无斯人物;
创一国纪元,功成身退,壮千百载山河气色只有先生。

河南　黎伯华

黎彩彰

推天下为公之心革命成功尘芥尊荣开创局;
继先生未竟之志同盟人在韦弦教训辟新元。

陕西公民　黎彩彰

316

黎鸿业

浩气压神州,如公伟略惊天,撒手莫令沧海沸;
大星沉北斗,剩此狼烟满地,挥戈谁是鲁杨才。

黎赓扬

五族共和,微夫人之力不及此;
三民主义,恨先生之说未盛行。

广西贵县知事　黎赓扬

阚元培

共和由倡首,奋斗而成,鞭镫许追随,感十年前石头城旧事;
勋烈附遗骸,均当不朽,英灵常飒爽,与八角式金字塔争光。

蕴涛等

男女岂判尊卑,深闺幽抑数千年,赖先生一声唤醒;
成败无关存殁,遗嘱传留二三子,愿吾党百世莫忘。

直隶第二女子师范学校学生　蕴涛、拂溪

薛正清

贯彻三民主义，
革命四十余年。

薛笃弼

精诚所至，金石为开，创造新国家，历史不磨垂伟绩；
昊天降凶，哲人遽陨，责在后死者，同胞齐奋竟前功。

薛笃弼(1892—1973)，山西运城人。1922年后曾任陕西财政厅长、河南财政厅长、行政院全国水利委员会主任委员、行政院政务委员兼水利部长。

橘三郎

勋业昭垂同日月，
英灵不昧寿山河。

东亚兴业会社代表　橘三郎

戴传贤

继往开来,道统直承孔子;
吊民伐罪,功业并美列宁。

受业 戴传贤

戴传贤(1890—1949),原籍浙江吴兴,生于四川广汉。1924年任国民党中央执行委员会委员兼中央宣传部部长。1927年南京国民党政府成立后,历任国民政府委员、考试院院长等。

戴聿谦

卅载劳工,造就一部革命史;
数言遗嘱,唤起群众救国心。

吴江 戴聿谦

戴恩赛

三民主义阐化万方,九原应无遗憾;
半子恩情侍疾类月,寸心唯以永伤。

子婿 戴恩赛

戴恩赛(1892—1955),广东长乐(今五华)人。1937年后曾任财政部粤海关监督、总理故乡纪念中学校(今中山纪念中学)代理校长。

戴修骏

四十年牺牲,成效初收,全功未竟;
几行字遗嘱,民心不死,伟烈常存。

戴修骏,湖南常德人。历任国立北京大学教授、国立中央大学法学院院长。1937年任立法院商业法委员会委员长。

戴盆天

再接再厉,后死责任;
不屈不挠,先生精神。

丹阳党员　戴盆天

戴盆天(1897—1969),江苏丹阳人。1925年任中共丹阳支部书记。1940年任汪伪国民党中央执行委员、组织部副部长等职。

---十八画---

魏运纯

拯救弱小民族,进谋世界大同,宏具慈悲,虽如来佛亦应合掌;
独为革命先驱,推倒吾夏专制,若论功业,惟华盛顿可与并头。

魏武英

谋四千年金汤巩固,造成民主共和,孰意内国分崩几多隐痛;

划廿万里铁路告成,早立富强基础,我愧从公计画未奏肤功。

二十画

耀奎

憾去年列宁死,痛今岁逸仙亡,叠歼我良,岂真造化,无情世界上不使慭遗一个伟大人物;

立政府驻南京,竖义旗议北伐,诸多仇敌,若果同盟,有志战线中应思继续双方迅速进行。

浙江天姥生　耀奎

鄑洗元

奔走革命四十年,拥护约法推倒帝制;

开创国基十万祀,呕尽心血铸成共和。

山东　鄑洗元鞠躬

团体

北　京

北京铁狮子胡同行辕灵堂悬挂

革命尚未成功,

321

同志仍须努力。

北京中央公园悬挂

（一）
人群进化，
世界大同。
（二）
行之匪艰，
知之维艰。
（三）
三民主义，
五权宪法。
（四）
恢复国际平等，
恢复国家独立。

北京碧云寺孙中山灵堂前悬挂

功高华盛顿，识迈马克思，行易知难，并有名言传海内；
骨瘗紫金山，灵栖碧云寺，地维天柱，永留浩气在人间。

北京大学全体教职员工和学生

礼乐未遑，要令国族争存，尚有遗书足扬士气；
风云忽变，不信黄农竟殁，所期我辈毋负先生。

322

清华学校全体同人

　　人心烦乱久矣,烽燧初停,节麾远至,对此千疮百孔,方期补救无难,何意莫展宏猷,获疾肝癌终不起;

　　先生之功伟哉,首倡革命,创造共和,抱定三民五权,到底力行弗懈,虽未全偿夙志,大名宇宙已昭垂。

中法大学

　　赤手创共和,生死不渝三主义;

　　大名垂宇宙,英灵常耀两香山。

中法大学全体教职员学生

　　功高华盛顿,识迈马克思,行易知难,并有名言传后世;

　　骨瘞紫金山,灵栖碧云寺,地维天柱,永留浩气在人间。

民党北京特别市市党部全体

　　勿忘总理遗嘱,

　　努力国民革命。

北京医科大学

　　起亚东病夫,善医人更善医国;

　　抗欧西强族,能平等方能共和。

北大教职员学生全体

礼乐未遑,要令国族争存,尚有遗书足扬士气;
风云忽变,不信黄农竟殁,所期我辈毋负先生。

国立北京女子师范大学

开中华大同万世之基,首创共和,再造共和,时局总难平,
堪怜夙愿未酬,丹心不死;
破帝王专制无穷之毒,体贴民意,代表民意,形骸胡坦化,
犹想雄怀勃发,精气如生。

北大台湾学生会

三百万台湾刚醒,同胞微先生,何人领导;
四十年祖国未竟,事业舍我辈,其谁分担。

北京师大美术学会

凄风惨雨满江山,哀兹大人,合来一世之夫三顿首;
白日青天垂宇宙,皇矣上帝,如果九原可作百其身。

法专十一班全体学生

恢复旧河山,不仅洗明庄烈亡国之耻;
组织新社会,岂独哭拿破仑称帝以终。

北京法政大学经本十一班学生

革命尚未成功,天果何心不遗一老;
盖棺乃有定论,人皆坠泪自足千秋。

京师公立第一女子中学校全体

创业于南京,开府于东粤,弥留于北平,归真返璞于西方,
民国十四年皆我公胼手胝足所缔造;

革命若汤武,揖让若尧舜,悲悯若孔孟,舍身救世若耶佛,
大限六一岁使国人失魂落魄将谁依。

慈幼院女校全体学生

女子任解放,文化讲自由,打开专制牢笼,革命远齐华盛顿;
为国竟伤生,立功终不朽,但愿同志姊妹,买丝好锈平原君。

北京崇实学校全体

倡平等,争自由,三民为义五权为法,救国救民,大哉名垂宇宙;
历艰难,越险阻,穷且益竖老当益壮,有始有末,浩然气照山河。

北京崇实中学校职教员全体

公诚独有千秋,德被群生,功在民国;
天不慭遗一老,噩传都下,哀动寰中。

国立北京法政大学全体学生

　　曾将四百兆生灵脱离专制淫威，此种丰功自古来谁可并耶，只怜革命未终忽亡领袖；

　　欲使五千年祖国再至郅隆地位，我侪责任从今后更加重矣，所望同胞齐起共挽神州。

国立北京法政大学政豫二班学生

　　倡革命在四十年以前，公真先觉；
　　求完人于廿六史之首，孰与等伦。

国立北京法大政本三班学生

　　除专制建共和，上下五千年，周武商汤宁足比；
　　抑强权求解放，纵横九万里，列宁林肯未堪夸。

国立北京法大法律系第十班全体学生

　　大业未完成，碧血满腔填恨海；
　　吾民谁倚托，黄金铸像拜英雄。

国立北京法政大学法本十一班学生

　　留将主义垂千古，
　　忍听哀音遍五洲。

国立北京法大法本十二班全体学生

生死本寻常,何以对公皆痛哭;
精神当永在,要将建国守遗言。

法大校友会同志

超华盛顿革命家智勇兼全,千古英雄谁继起;
阐马克思新著作经济深富,吾侪学子义遵循。

国立北京师范大学全体

行易知难,阐自先觉;
开来继往,责在青年。

北京师大四川同学会

金陵开府,百粤陈师,数十年出死入生,浩气壮山河,创造民国;
外侮凭陵,内奸猖獗,四百兆呼天抢地,悲声澈泉坏,痛哭元勋。

北京师大数学研究科学生全体

强邻均虎视于旁,得步进步,为什么中华四百兆民众还执迷不悟;
同志多唯利是图,过日算日,那里有先生极伟大人格使举世皆钦。

北京郁文大学学生会

主义未实行,是先生临终憾事;
国民须努力,解后来无限纠纷。

北京商业学校暨附设平民学校

汤武征诛,云霓在望;
唐虞揖让,天下为公。

北京中国大学甘肃同乡会全体会员

推专制之余威,当仁不让;
光汉京于诸夏,唯岳降神。

北京交通大学学生全体

儒夫立顽夫廉,遗风兴百世;
民我胞物我与,大义足千秋。

清华学校全体同人

人心厌乱久矣,烽燧初停节旄远至,对此千疮百孔,方期补救无难,何意莫展宏猷,获疾肝癌终不起;

先生之功伟哉,首倡革命创造共和,抱定三民五权,到底力行弗懈,虽未全偿夙志,大名宇宙已昭垂。

清华学校乙丑级全体学生

毕生不忘中国,乃至垂死犹以奋斗为言,其自任天下之重如此;
政论冠绝一时,更从学说想见精神独到,微先觉吾辈将谁与归。

清华学校校工夜校

本亭林匹夫有责之言,勉为后进;
怀孟子豪杰犹兴之义,上慰先生。

国立北京女师大教职员同人

赤手造共和,四十年艰险备尝,而今已矣;
苦心筹建设,亿万性疮痍未复,何日忘之。

国立北京女子师范大学预甲全体学生

青天下白日中,魑魅魍魉仍作祟;
黄花岗紫金山,烈士英雄再结盟。

北京女子师范大学附属中学校学生会全体会员

革命未成功,见说遗言期后死;
女权方运动,长教我辈忆先生。

中法大学陆谟克学院

先生到此安乎,千里燕云满目疮痍都在望;
桐棺今日来矣,三春寒雨万方涕泪正横飞。

北京医科大学

起亚东病夫,善医人更善医国;
抗欧西强族,能平等方能共和。

女师大蒙养园

为国民痛失保姆,
虽童蒙知悼先生。

国大学生会同人

豪强割据正争持,方幸护法北来,共与老成谋国是;
先生赍志忽归去,从此群龙无首,益为国运叹穷途。

陇东留京学会全体

为亚洲衽席黄裔,倡三民立五权,旷古绝今,开世界难开之局;
愿天下肝胆青年,合一体扫群孽,惟铁与血,竟先生未竟之功。

北京务本女子大学教职员学生

一代英雄归大化，

五洲朝野着哀思。

萃文学校广东同学会全体

五百年间气所钟，只手造共和，树民治风声作人群先觉；

九万里英威远播，一朝闻殂丧，慨香山父老哭鲁殿灵光。

国立北京师范大学数理学会

尽人能结垣架栋，数理通晓，方可设计绘图，斯之谓知难行易；

举世皆崇拜欢迎，噩耗惊传，无不开会追悼，这才算生荣死哀。

北京东亚大学同人

真共和，伪共和，三民五权，何日太平偿夙愿；

旧中国，新中国，千秋万世，有人铸像肖元勋。

中国交通学会

一生事业，与天同大，与日同高，此世皆仰余光，不朽千秋称独步；

四海创痍，如水益深，如火益热，而今遽伤元老，顿教五族起哀思。

北京电话局

拯四百兆同胞专制推翻革命奇勋光祖国。
创五千年来未有政局共和肇造先生遗嘱。

按：此联不对仗，原文如此。

北京南纪学校同人

大陆起沉沦，几辈心胸开万古；
英雄罹浩劫，一生肝胆付三民。

房山县长育高级小学校

名满天下，谤满天下；
知我春秋，罪我春秋。

北京中国大学甘肃同乡会全体会员

弥留时犹唤和平，问逐鹿群雄，醒乎未也；
建设事竞虚志愿，叹获麟末世，天实为之。

北大政治系四年级全体学生

有马克思卢梭之学，兼华盛顿列宁之功，精神瀹栖足千古；
扬太平洋黄海之波，洗大中华民族之耻，才力遑迩唯一人。

师大河南同乡会

推翻五千年专制，只有此老；
唤醒四百兆民众，厥唯我公。

温泉中学校同人

是政治家，是革命家，中华之母，世界之母；
为奋斗死，为主义死，同胞所悲，人类所悲。

温泉中学校第二班

天上大星沉，万里云山同惨淡；
人间先觉逝，国民会议愈艰难。

安徽省立第五中学旅京同学会

是国魂，是民师，是乾坤正气所钟，精神千古；
能破坏，能建设，能勇敢革命到底，世界完人。

华北大学平民学校全体

不难善士中而有伟人，最难伟人中而有善士；
唯真读书者乃能革命，亦真革命者乃能读书。

京兆第一中学

为世界作先导,为民族争自由,四十年艰苦不渝公真健者;
视共和若襁褓,视专制如寇雠,百余日沉疴难起人失明星。

畿辅大学校长关赓麟率全体教职员学生

是天民之先觉者,
微斯人其谁与归。

旅京湘学校

革命领群贤,祝吾乡陈姚宋蔡黄,同盟天上;
噩耗震全国,合民族汉满蒙回藏,齐哭先生。

北京通才商专全体学生

倡革命于广州,作逋客于海外,任总统于江南,捐馆舍于燕北,六旬余艰辛险阻历尽关河国事正蜩螗,纵死九原难瞑目;
体孔子之泛爱,行佛氏之慈悲,推大禹之饥溺,充横渠之胞与,四十载智勇深沉未遑启处民权犹堕落,从今兆姓痛推心。

中央大学全体学生

创业者揖让易,守成者揖让难,民国千古我公千古;
成功在列宁先,逝世在列宁后,欧西一人亚东一人。

京北教育会教育联合会

中国有伟人，为公为冠；
英雄造时势，虽死犹生。

成达学校

民族民权民生，唯一大仁人能任天下之重；
立言立功立德，贯三不朽以为百世之师。

中华教育改进社

行如墨翟，学如卢骚，勋绩如华盛顿，上下古今无此英雄崛起；
生于南越，卒于北燕，归葬于紫金山，江淮河汉莫非英爽式凭。

法政大学四川同乡会

十三年风雨中华，顿失怙恃；
四万万弱小民族，何所凭依。

朝阳大学广东同乡会

五百年名世间生，公真无愧；
亿万众慈母顿失，国何以堪。

朝阳大学浙江同乡会

金陵建国,功盖千秋,剧怜一介南来不见会师武汉;
粤海兴军,气雄百世,可惜十年北伐忽闻易箦京华。

国立广东大学留京校友会同人

成败有何常,大道莫容,继孔佛耶回功在后世;
国家失所赖,哲人其萎,念音容勋业凄绝同乡。

北京各界国民会议促成会

革命虽未成,其精神与列宁同光历史;
自由终不死,论人物唯林肯差足比肩。

北京筹边协会

三民在五权存,治理有纲,先生不死;
四海崩九州震,挽狂无术,继任其谁。

全国烟酒事务署全体职员

溯首创共和以来,壮志长留,问谁继三民五权政略;
慨身骑箕尾而去,英灵不泯,愿早奠万年一统邦基。

中国国民修改不平等条约研究会

挥革命手腕,建五族共和,功诚伟矣;
本平等精神,倡三民主义,谁其嗣之。

中华全国村市建设协会

刷新政治,创造共和,宏愿虽未完,建国大纲垂国典;
平均地权,发展生计,吁谋昭来许,全民自治作民魂。

中国青年协进社全体社员

负青天而莫天阅,只手转乾坤,事业堂堂足千古;
痛白日之遽亏昏,苍生同涕泣,关河浩浩付谁何。

京绥铁路全体同人

四十年奔走环球,国事勤劳,非先生难偿志愿;
廿万里经营铁路,大家努力,补前人未竟功能。

京京铁路管理局同人

鹰隼摩空,目无余子;
蜩蟧浊世,公是完人。

京京铁路长辛店总工会

此时正阶级斗争,陨落将星殊抱憾;
救国是先生心志,推翻军阀好招魂。

航空司令部全体人员

噩耗传来,五族闻风皆号泣;
典型宛在,一生手泽着丹青。

北京朝阳大学中国国民党党团

国步正艰难,日落星沉,八表哀黎思慈父;
民生犹困苦,山颓木坏,万方同志哭先生。

北京报界联合会同人

欢迎月下,遗像瞻依十年,往事追维,人存政举;
惨淡寰中,大名彪炳一代,宏图未竟,公去谁来。

北京师大国三

风雪车站中,遂得春来公去也;
豺狼遍宇内,怆怀国难孰救之。

北京砺青学院教职员同人

披肝照日月,
浩气塞寰区。

中大平校全体

革命尚未成功,同志仍须努力;
建设并无彤型,我公何遽云亡。

北京工人

为中国革命元勋,备历艰屯,主义坚持征气节;
与列宁劳工同旨,破除阶级,共和改造见精神。

北京汇文学校

熨二百年秦国钉痕,爱在民心,巨业为不朽矣;
莫千万载共和基础,声施后世,先生其犹存乎。

京兆第一中学校

为世界作先导,为民族争自由,四十年艰苦不渝,公真健者;
视共和若褓褓,视军阀若寇仇,百余日沉疴难起,人失明星。

师大平民学校

以共和真谛而言革命未成,功胡不吊;

本匹夫有责之教育尚平等,民弗能忘。

华北大学

不难善士中而有伟人,最难伟人中而有善士;

唯真读书者乃能革命,亦真革命者乃能读书。

温泉中学

革命垂四十年,心碎胆摧,一生卒为民国死;

英名播九万里,内贞外达,旷世难逢天下才。

新报社

为国死为民死,生死何异;

无人相无我相,色相俱空。

平民大学

国民未死,三五主张要努力;

中山其颓,亿千挥泪哭先生。

高志学校

革专制,创共和,有志竟成,永垂大名真不朽;
主三民,主五权,及身未逮,能遵遗嘱又何人。

新京学院

竭毕生精神,谋众庶自由平等;
倡三民主义,策国家长治久安。

美专学校

强权犹在,公理难伸;
国贼未歼,先生遽陨。

工读社同人

仁者得仁,先生可以逝矣;
国民救国,我等何能让焉。

交通大学本科三年级

只手创共和,民国永存,中山永存;
殚精力著述,言语不朽,自由不朽。

盐务专门学校

因和平而奋斗,为改造而牺牲,可叹志愿未酬,五权三民
精神不死;

企大同之壮图,怀博施之宏愿,犹幸典型长在,千秋万祀
颜色为生。

第四中学

游南洋,游西洋,复游东洋,奔走号呼,挚诚救国,堪叹粤
海英雄,遽归北海;

重民生,重民权,更重民族,鼓吹革命,提倡自由,讵料先
生事业,竟遗后生。

畿辅大学

是天民之先觉者,
微斯人其谁与归。

京师三十五小学

爱护自由,提倡革命,是大英雄,是大豪杰,令人抚臆思卢氏;
推翻专制,改造共和,有真本领,有真毅力,使侬罗丝绣平原。

京兆教育会

中国有伟人,以公为冠;
英雄造时势,虽死犹生。

北京平大

将五千年帝制推翻,革命建殊勋,有史以来一人而已;
历十四载邦基未固,问心多遗憾,先生既去吾民云何。

北京平大江西同乡会

同人搔首尽衔哀,为党而哭,为国而哭,又为全世界被压迫之民族而哭,哭哭哭,泰山颓矣;
后死多才能继志,据理以争,据义以争,且据遍中国未伸张之舆情以争,争争争,五族赖之。

北京朝大学生会

变君主为民主,开中史未有奇局;
虽死日犹生日,是当代第一伟人。

北京郁文大学平民学校

泰山其颓,良木其坏,哲人其萎;
长城安在,社会安仰,国民安归。

北京法大知行社

威望霞全球,评论近代名功,只有列宁堪伯仲;
遗嘱腾众口,甚盼各方志士,共掀东亚出沉沦。

萃德中学教职员

一生努力除专制,
万国咸哀下半旗。

北京中大学生全体

三民救国,五权立邦,中山主义传千古;
四海举哀,六洲志悼,先生勋名扬万方。

京师三十七小学校

（一）

推倒一时豪杰,开拓万古心胸,是东亚数千年文化结晶,
始生大哲;

树立三民主义,计划五权宪法,为中华四百兆同胞奋斗,
后继何人。

（二）

先生先知,忽归天上痛哉,孰为先导;
后死后觉,现住世间已矣,谁启后人。

北京大学同志改进会

推翻满族，创造共和，列宁应云不及；
国失元勋，民丧考妣，尧舜如见其人。

中国交通学会

一生事业，与天同大，与日同高，此世皆仰余光，不朽千秋称独步；
四海疮痍，如水益深，如火益热，而今遽伤元老，顿教五族起哀思。

北京基督教青年会

（一）
一息尚存，此志不容少懈；
万方多难，微公其谁与归。

（二）
民国其体，
共和之魂。

京师四郊公立小学校

功高汤武，德被元黎，豪气贯虹霓，我辈抚膺惭后生；
事业千秋，声名万代，雄心照日月，大家挥泪哭先住。

北京农业大学

举国皆沉酣,先生一呼,大梦始觉;
中原犹黯淡,自由未死,吾辈其兴。

温泉中学第一班

首造共和,名光青史;
一病不起,痛倒吾民。

北京民国大学

前无往古,后无来今,为我民族争光荣,五千年异彩独放;
强者丧威,弱者怀德,代全人类谋平等,九万里到处皆悲。

燕京大学男校

持三民主义,创五权宪法,终身革命生涯,震破魔王专制胆;
值国事蜩螗,竟仙乡溘逝,满腹济难志愿,痛煞小子激吊心。

燕大周刊社

肝胆造民国,
铁血铸中原。

北京清明中学

临终犹呼奋斗,诚足激发青年志气;
至死不忘救国,真能唤起同胞精神。

北京交通大学

四十年艰难历尽,百折不回,一篑功亏身已死;
亿万众忧患方殷,五权虽立,三民悬解愿犹虚。

北京郁文大学校

徒手造共和,功在人间,咸记取三民主义五权宪法;
大名垂宇宙,勋归天上,合让与万邦作式千古流芳。

北京财商专门学校

革命怀抱,舍死奋斗为民福;
慨公遗语,至死不忘救国声。

北京晚报社

民失所赖,
天丧斯文。

护法议员

一世革命自雄,以人民命脉为任务矣,唯公佑启我后;
数年护法未了,使国家法统真复活者,异日继起其谁。

垦务局

唯望诸贤须继起,
莫教先烈痛无人。

慈幼男校全体学生

痛生灵如蓼如荼,誓起沉疴九仞功劳亏一篑;
愿我辈再接再厉,善为继述五权宪法并三民。

怀幼学校职教员率学生三千余人

汉族数英雄,明太祖与洪秀全之崛兴,政体独裁成缺憾;
世间三不朽,俄列宁继马克思而俱逝,先生一死更何人。

香山慈幼院职教员学生全体

为五千年历史革命,
是四百兆民族导师。

孔孟道德学会

前清逊矣,洪宪销矣,复辟蹶矣,都欢呼元老犹存,胡为乎星陨山崩,竟傍紫宸挥热血;

革命成哉,共和定哉,民权平哉,早钦佩大功不朽,故今者抬灵设奠,谨随青社吊英魂。

妇女促进会

倡言博爱大同,禹溺稷饥思国父;

希望自由平等,欧风美雨吊先生。

新经济学会同人

爱戴者赶快来促成宪政,实行三民学说,这才合先生本意;

继起者莫松动打倒军阀,扑灭帝国主义,那还是我们急图。

内务部警官高等学校甘肃同乡

眼中时局竟若斯,端赖热血青年戮力奋斗,好编将来革命史;

国际地位复何如,但愿弱小民族自求解放,藉了我公不死心。

清苑县平教促进会

半生来尊重民权,忆昔时推专制建共和,政体改良偿素愿;

十余年维护国法,看今日荐馨香陈俎豆,牺牲致祭慰英魂。

清真民学校

元首明哉,尧舜让汤武诛,五族共和未满平生志愿;
先生休矣,河洛竭大华崩,全球震动有关世界文明。

邻水旅京学生会

公诚世界之奇特人才,提倡革命似卢梭,创造共和似华盛顿,扶掖弱小抵抗侵略又似列宁甘地,想从前纽约鼓吹伦敦运动,五大洲独往独来,甲戌兴中,丁巳护法,四十年再接再厉,锦绣河山全凭撑持丰功,伟名直可,震古烁今,耿耿丹心,临终犹频呼奋斗,历数前代贤豪,公当首屈一指;

我叹中国无太平景象,割据封疆有军阀,压迫劳动有资本家,掀弄风波攘夺权位复有政客官僚,看最近川鄂互忌江浙交恶,两方面疑神疑鬼,豫陕构兵,滇桂开衅,千万户受害受惊,邦国元气渐被彼辈断丧,浩劫巨变,长此环境,递演茫茫,赤县得不日就沉沦,若论救时主义,我亦膜拜三民。

国民会议促成会全国代表大会江西代表团

十年天地干戈老,
四海苍生吊哭深。

励志笃行社同人

试问五族共和,佛言不可说不可说;
请看三民主义,子曰如其仁如其仁。

联谊社同人

至大至刚,百折不回真健者;
独来独往,千秋论定一完人。

苻离民声社

扫除四千年帝制遗孽,夺彼神权还诸民众,中华亘古无双士;
推翻九万里列强野心,争此国际巩固藩篱,世界洵称第一人。

教育部同人

莽莽神州,茫茫人海;
凛凛生气,悠悠苍天。

交通部同人

五千载冥晦能开日月重光,亘古大名乘宇宙;
廿万里崎岖未辟车书同轨,何年宏愿副先生。

上海联义社同人

微东西南北社会劳农可合作,人有不为也;
集中外古今圣贤豪杰之大成,民无能名焉。

北京华侨实业协进总会会长谢复初暨全体

开国作先民,最难百折道中,邦基独树;

革新留异彩,想见五光云里,天使来迎。

妇女职业促进会筹备处同人

倡言博爱大同,禹溺稷饥思国父;

希望自由平等,欧风亚雨吊先生。

朝鲜京城社会主义团体火曜会

志士一生,尽是奋斗;

仁人临危,犹呼和平。

华侨联合会

(一)

是黄帝种子,是武穆后身,崇拜满寰中,有志竟除秦暴政;

与耶稣齐名,与列宁同憾,哀音传海外,无人不哭鲁灵光。

(二)

辛苦造共和,沐雨栉风,先生今长往矣;

艰难持危局,桑田沧海,死后安可归乎。

北京华侨协会

开国作先民,最难百折道中,邦基独树;
革新留异彩,想见五光云里,天使来迎。

妇女协会

倡言博爱大同,禹溺稷饥思国父;
希望自由平等,欧风美雨吊先生。

山东中学

历史五千年,夐哉! 往古几世低头甘奴隶;
民国十四载,耗矣! 今日万方多难失先生。

京兆矿业公会

先生蓄志救国,革命虽未竣功,行见得人群进化,世界大同,也是全体宝镜;
诸君存心济众,奋斗仍须努力,能完成三民主义,五权宪法,不失平民精神。

旅京香山学会

英雄尽力国家,无愧于人,无私于己,特立独行,遑恤迂腐小儒忘谈曲直;
先生少离乡井,未听其语,未见其容,溘然长逝,顿教蒙童后学遽失仪型。

京汉路汉口总工会

革命未成功,痛先生死有余憾;
遗言犹在耳,愿工友极起直追。

荣昌旅京会

荡扫千百载专制,首创亿万年共和,试看功业彪炳将何比也;
正忧东西洋始成,侵吞南北省混沌,忽闻英雄长辞能不悲哉。

池州旅京学会

革命告成,百世应无遗憾;
救国未遂,九泉亦有余哀。

宇宙声报社

卅年间国事呼号,费尽热血苦心,只换得共和局面;
数日内病魔缠绕,纵到断汤绝粒,犹不忘革命精神。

京津时报

英雄造时势,
民国失元勋。

民国周报

国父云亡,白叟黄童齐下泪;
邦人多难,凄风惨雨倍伤情。

铁道时报

革数千年专制,
建亿万世共和。

顶天时报社

求自由真诠勇往直前,民族有光,民权有光,民生亦有光,巍然世界人物;

为主义奋斗始终无间,立德不朽,立功不朽,立言尤不朽,允矣共和元勋。

教育部图书览所

留与后人看俯仰,图书推俊杰;
近瞻前殿在维持,文化仗英灵。

新社会民主党

论主义允推先觉,
为友党痛失元良。

温泉疗养院

大乱方殷,惊看浩气归天,星芒坠地;
春光忽暗,愁见温泉露冷,显龙埋云。

燕大广东同乡会

四十季革命成功,海内唤公民,汤武奇勋许巢逸志;
三五法建国方略,世界倡平等,蔡黄伟业管乐遗风。

广东琼崖旅京同乡会

岭表数英才,王气所钟,惟先生上空千古,下开百世;
神州丧国父,潮流正恶,倩谁人威镇东亚,名撼西欧。

广大旅京同乡会

成败有何常,大道莫容,继孔佛耶回,功在后世;
国家失所赖,哲人其萎,念音容勋业,凄绝同乡。

云南旅京同乡会

具革命精神,有政治眼光,富哲学思想,上下五千年厥唯公耳;
讲国际平等,谋民族解放,倡地权均分,纵横九万里其无后乎。

皖歙旅京同乡会

为三民主义牺牲,恨未完成革命;
是全国中心人物,允宜归正首邱。

陕北旅京同乡会

老天爷厌中华,中华中落;
小人们不先死,先死先生。

萃文学校广东同乡会

五百年间气所钟,只手造共和,树民治风声,作人群先觉;
九万里遥威远播,一朝闻殂丧,慨香山父老,器鲁殿灵光。

凤阳同乡会

革命未竟先生志,
主义贻诸后起人。

中国国民党直隶省党部

同居在惨云愁雨世界中,与弱小民族共申悲悼;
齐集到青天白日旗帜下,向帝国主义联合进攻。

按:该机关在天津。

直隶省立第六中学校全体学生

使神州免披发左衽之羞,愿国人共扬伟烈;
惟先生有五权三民之说,我同志当行其言。

按:该校在保定。

天津反帝国主义大同盟

先生去矣,非我族类多狞笑;
吾辈哀哉,为他压迫尽悲鸣。

天津青年会

剑气归天,星茫堕地;
江河涌浪,华夏埋云。

358

天津扶轮中学校教职员全体

继汤武革命,顺乎天而应乎人,化征诛为揖让;
先袁黎监国,正其谊不谋其利,唯失败乃成功。

张家口

张家口商行联合会同人

革命在四十年以前,奔走海外,迭遭险艰,君始缔造民国;
应召方三个月之久,弥留京师,竟陨贤哲,我当痛哭伟人。

广东

建国粤军第一军司令部同人

金马门前,落日旌旄哀国父;
红棉树下,残春风雨吊英雄。

广州市立第八高等小学校全体教职员学生

革命从何处发源,百粤吊英雄,珠海塞流应作泪;
共和乃斯人手创,千秋垂国史,金山黄土不埋名。

基督教青年会

示众生，以救国肝胆；
贻后死，有革命精神。

地方善后委员会

权有五，民有三，四十年大义昭垂，负责于今归后死；
山其颓，木其坏，八千里羁魂遗返，怆怀何处觅先生。

中央监察委员会

主义昌明如日月，气象刚大配乾坤，道公天下，学辨知行，
鞠躬尽瘁而后已；
感化五十万信徒，改革四千年古政，三期未完，中央失宰，
昊天不吊谁与归。

中央宣传部暨中央通讯社

大勇实大仁，革命未成，责任于今留后死；
救国兼救世，遗言犹在，敢忘努力慰先生。

广州第六区党部

倡三民主义，立五权宪法，务使天下为公，实谋大地人群，
咸除痛苦；
具博爱精神，负宪全人格，借问古今谁比，感动环球士女，

崇拜英雄。

广州第六区分部执行委员暨全体党员

倏传耗音,千百兆压迫人民,失恃失怙问谁依诉;
誓守遗嘱,五十万后死同志,善继善述慰公英灵。

广东省教育会全体会员

卅年忧患迍邅,看大名震古烁今,永垂不朽;
民国艰难缔造,问此日承先继后,更有何人。

琼岛魂社

伟略丰功,举华盛顿林肯融合为一;
主义学说,并马克思列宁鼎足而三。

美洲同盟会俱乐部

开追悼赋归来,沐雨栉风,涉数万里重洋,情难自已;
创共和倒专制,拨云见日,览五千年历史,功莫与京。

按:该俱乐部在广州。

菲律宾华侨国民会议促成会

国是未宁,资公硕画;

天胡此醉,夺我元勋。

按:该会在广州。

广东省各界追悼孙中山大会

中华民国之父,
四万万人之母。

中国国民党中央监察委员会

主义昌明如日月,气象刚大配乾坤,道公天下,学辨知行,鞠躬尽瘁而后已;

感化五十万信徒,改革四千年古政,三期未完,中央失宰,昊天不吊谁与归。

广州市政厅

勋业建千秋,管教义澈天人,五族服膺称国父;
精神当不死,此日魂归羊石,兆民缟素哭先生。

广州觉悟通讯社同人

为文化先觉,为人类明星,缔造正在艰难,大业未成失师表;
与主义俱存,与恶魔奋斗,英灵长兹赫奕,九天犹愿度群生。

粤军总司令部

百粤旌旗惊后死，
九州缟素哭先生。

程伟彦暨警察第八区分署全体职员

以孔仲尼基督救济为怀，今古同仁，人类因之一进化；
与华盛顿列宁勋劳并驾，东西三杰，世界各开新纪元。

建国赣西司令部全体官佐

地狱当入，力疾北上；
精神不死，吾道南来。

西江财政整理处五邑分处全体职员

墨轻从戎痛哭，三军皆缟素；
白沙望祭伤心，一死为苍生。

按：该处在广州。

国民党香山县执行委员会同人

骧党柱石，国失于城，搔首问苍天，何不宠锡遐龄，俾成大业；

北省虽平,东江未靖,倾心向赤日,唯有服膺方略,冀竟全功。

香山平民日报同人

一纸遗言箴后死,
万人空巷吊先生。

南大惺社

抱三民主义,拯救四百兆同胞,宁一己牺牲,果也,遽变数千年政体;

立五权宪法,奔走三十年革命,历几回失败,伤哉,只享六十载遐龄。

岭南大学校员俱乐部

国谁与立,
民无能名。

农学会同人

是俄罗斯的列宁,作平民革命先锋,奋斗三十余年,竟尔大志未酬,此身已逝;

是美利坚的林肯,示我们自由之路,可怜四百兆众,偏遇哲人其萎,回首何堪。

英社同人

倒专制,反强权,排军阀,斥资本,数十年奋斗而生,异哉,
老病侵寻公竟遽死;

肇共和,造民国,行党治,唱工兵,千万绪设施未就,伤矣,
弗家憔悴人之云亡。

南大风社同人

其生也有自来,其逝也有所为,铲除帝制魔王,推革命元
勋,反古自堪千古;

光引星辰而上,气沛江河而下,创造中华民国,谈建设方
略,五权犹胜三权。

南大仁社同人

三十年奋斗,提倡革命,实行革命,治国以党,爱国以诚,
三民主义五权宪法创始者;

十二日牺牲,群众领袖,民众领袖,正义而战,人格而战,
五洲大地四亿民众悼孙公。

南大萃社同人

犹留党义千秋,碧血黄花同饮恨;
此去京华万里,暮云春树倍增悲。

塔园养灵学校

其生也荣,其死也哀,真可与甘地李宁垂高标于万古;
或轻鸿毛,或重泰山,孰不仰日星河岳留正气于千秋。

隆镇医界联合会同人

国病欲回春,可怜医国元勋,弃我骑鲸先逝矣;
民生崇共产,痴望平民巨子,还魂驾鹤再归来。

隆镇卫育善会同人

比功武汤,比德唐虞,中外古今,试问谁人与匹;
为国牺牲,为民憔悴,生老病死,几曾片刻偷安。

---------------------- 上 海 ----------------------

上海追悼孙中山先生大会

浩气长存,令名不朽;
俎头空设,弓箭莫追。

上海华东公学全体师生

伟绩著中华,四百兆人民同悼国父;
大名震世界,五十万党员共哭先生。

中国国民党上海特别区四区六分部

(一)

为人类竞求进化先导，

是天上自由平等之神。

(二)

伟业迈前贤，赢得同胞尊国父；

丰功还未竟，何堪中道失元勋。

中国国民党上海第二区党部

毕生奋斗，多难建邦，使军阀胆裂，使帝国主义者寒心，信
今大道压群魔，先生精神不死；

矢志牺牲，效忠革命，为民众前驱，为东方弱民族向导，勉
哉束身遵遗训，吾党同志莫忘。

沪西商联会

(一)

开拓新世界，还我旧河山，讵期中道分崩，来日大难，士农
工商同一哭；

德迈拿破仑，功同华盛顿，从此明星突杳，英灵不沫，蒸尝
禴祠饩千年。

(二)

目断京华伤北道，

心仪元首哭中山。

国民党崇明第二区党部

先生为吾党而死,吾党能与先生不死;

吾党以先生为归,先生既去吾党安归。

金山县党部全体党员

造物忌才若是耶,夺不动经济文章,夺公性命;

社会前途无望矣,死弗尽贪官军阀,死我元勋。

中法国立工业专门学校全体学生

复九世仇,大一统义,合于古称仁者;

有名山业,无润屋财,异夫今之伟人。

南洋大学技击部同人

利济民谜民大民,四十年为民众尔撇手长鸡;

不慕公名羡公气,痛公四离万公志谁哲人云。

浦东中学两广同乡会

因自由而牺牲,因平等而牺牲,因博爱而牺牲,恃此志而不渝,方巩固邦基,唤醒群众,筹谋宏远,绰有余徽,讵意内乱正剧,外患尚殷,健者云亡,大局赖谁支,伤心同洒乡人泪;

为种族以革命,为政事以革命,为民生以革命,挺一身以奋斗,卒摧翻帝制,创造共和,生死光荣,夫复何恨,独念民困方深,国难未已,先生归去,中原仍多故,屈指孰为栋梁材。

同大湖南同学会

揭三民主义,为平民作警钟,斯志倘成,无难日月重辉,乾坤壮气;
倡五权宪法,与强权以喝棒,此身先丧,顿使山川失色,草木增悲。

南大国学专修科

造化太无情,夺我元良,尘寰到处成灰色;
国家正多难,读公遗嘱,天下谁人不痛心。

南大江西同乡会

泣者泣,歌者歌,事业一生,毕竟盖棺难定论;
南与南,北与北,河山半壁,莫教残局认偏安。

上海法政大学全体职员学生

讲演重三民,唤醒人民求解放;
书篇谋建国,作新中国创共和。

大夏大学商科同学会

国事正多难,云拥风翻问先生,如何可死;
天心仍好乱,江宁春老哀民庶,从此无依。

同济三年级全体

人谁不死,叹先生为国为民,创造辛勤功业垂成难暝目;
悲亦无益,愿大家同心同德,继起奋斗艰难未已莫伤神。

立达中学校

为民族争自由平等,为学术阐行易知难,是革命家,亦创
造者,独有千秋,先生不死;

以公理消毁誉恩仇,以正义胜奸邪横暴,真时代师,足百
世法,天丧一老,后起其谁。

立群女学全体教职员

壮志未全酬,岭海燕云思伟绩;
槃才难再作,残山剩水泣英雄。

人和产科学院

目的已达,主义尚存,先生固未死也;
破坏虽终,建设方始,国人其努力乎。

立群女学初中三年级

大陆久沦胥,独揭三民主义,五权宪章,竟使清廷魄褫,袁
氏胆寒,而乃浮云富贵,尘土功名,为我国荣为我国光,四海同

声称国父；

泰山今颓矣,剧怜册载奔驰,一朝溘逝,值兹鲁患未平,胡氛正炽,从斯铁血生涯,劳农政策,失其先驱矣其先导,万方多难哭先生。

东亚体专全体

一生驰逐于革命疆场,耿耿一心,涅而不渝,是吾党之先觉；
万世经纶在建国方略,洋洋万语,道之以德,微斯人兮谁归。

中华救国十人团联合会设立市西公学同人

想当时一片真诚,为国谋利,为民谋福,原欲把专制毒焰,扫灭净尽；

到今朝十年变乱,如水益深,如火益热,依然是共和幻梦,徜徉迷离。

广西一师留沪学会

浩气塞乾坤,除专制建共和,毕生与异族争衡,一旦崩颓伤何极；
盛名留中外,创三民倡五权,拼命为同胞造福,千秋瞻仰感无穷。

盱眙旅沪学生

中州龙战,蓟水星沉,造物假余年,定拯苍生登衽席；
南国烽销,论陵气霭,遗骸归净土,相逢明祖话沧桑。

中华全国道路建设协会筹备处全体

抱一腔热血为争民权,竟磨灭无量精神,方庆告成革命;
愿五族同胞毋忘国耻,取消不平等条约,才算恪守遗言。

中华全国道路建设协会浙江分会

举国如狂,旌旆北来迎党首;
昊天不吊,大江东去咽悲声。

旅沪广东中华基督教教会

是医学家,是著作家,其实是政治平民革命家,方期寿宇
高登,再做几番工夫,使亿万人同瞻青天白日;
攻专制毒,攻军阀毒,尚欲攻经济领土侵略毒,孰料京华
长逝,竟遗千秋恨事,有血性者莫辞尝胆卧薪。

中国新社会民主党上海部

拯溺有同情,胡为痼疾难瘳,遽归天国;
奠公无别意,只愿精灵不昧,长护中华。

上海北市米行公会

有主张竟建非常事业,
为目的不辞绝大牺牲。

江苏省党部

(一)

改放弱小民族,拥护被压迫阶级,主义常存,先生不死;

实现国民会议,废除不平等条约,遗言俨在,吾党毋忘。

(二)

掀翻念四史无此伟人,匹夫妄言,乃谓不如明祖;

横览五大洲谁为健者,九原可作,庶几相从列宁。

中国国民党南京市党部

和平蓄奋斗精神,掏心血唤同胞,大志未终,吾党莫忘遗嘱意;

功业立何关生死,病肝癌殒大星,五洲景仰,钟山合寄伟人灵。

东南大学国学研究会

孔席不暇暖,墨突不暇黔,栖迟南北东西,六十老翁,已立功立德立言,曲终人逝悲思切;

富贵不能淫,威武不能屈,备历艰难险阻,千秋大业,在民族民生民权,志决身歼军务劳。

国立东南大学全体女学生

十载有功在民国,

万方冬难哭先生。

东大附中全体教职员

日革命曰共和,迈汤武实无惭德;
争自由争平等,继欧美更作先驱。

全国水利局河海工科大学全体学生

中原不幸倾天柱,
英骨有原瘗石城。

中央大学全体学生

创业者揖让易,守成者揖让难,民国千古我公千古;
成功在列宁先,逝世在列宁后,欧西一人亚东一人。

金陵女子大学全体学生

西南建业,东北归真,救国具雄心,肇起共和创局;
三民主义,五权宪法,临终抱遗恨,未成改革全功。

国立暨南学校女子部职员全体学生等

岱色苍茫众山小,
天容惨淡大星沉。

江苏省立第一中学校

一柱擎天，为国为民成革命；
流芳仰镜，先知先觉是良师。

第一女师学生自治会

论革命，可与洪武同传，中山千古钟山千古；
数时贤，唯有列宁并峙，俄国一人我国一人。

江宁第二小学校旧制高三学生

老当益壮，穷且益坚，念革命尚未成功，责在后死；
天来厌乱，人不悔祸，笑群雄当知割据，愧对先生。

江宁公立第二小学校五年级学生

有志事竟成，百折不回，到底宣传真革命；
知公心未死，九原可作，重来驱逐假共和。

华中小学全体学生

念我元勋死身，不能死志；
维予小子爱国，即以爱公。

南京总商会

假自由行万恶,痛哉罗兰之言,专制尚未铲除,公死犹多余憾;
今天下之英雄,唯有列宁可数,主义是否成功,还须问诸国民。

南京妇女问题研究会

领袖数千万人,热烈奋斗,敌势方张,如何可死;
翻完二十四史,伟大崇高,仁勇兼备,唯有先生。

南京青年会

抗军阀,抗列强,为世界弱小民族而奋斗,何惜一死;
不屈挠,不妥协,量先生革命精神之特点,永著千秋。

江苏省农会副会长徐瀛暨全体

革命未竟全功,公胡可死;
毕生唯知救国,民无能名。

南京中华书局

革命精神满全国,
共和基础在三民。

香山公园全体职员

以三民五权,垂建国宏谟后来之则;
更千秋万岁,读共和历史先见其名。

江苏教育厅

上医医国,
至仁仁民。

江苏第四师师令部官佐

勋业灿然,令名更比山河壮;
英雄去矣,兵气销为日月光。

—————— 如 皋 ——————

如皋民立中学校长张相暨全体教职员学生

为斯民铲专制气吞寰球,论辛亥一役,三月覆清,早应万国九洲同归平等;

以无我真精神力全五族,何草莽多雄,前事不鉴,独使青天白日遗憾人间。

无锡各界追悼孙中山先生大会

为国为民,成功不居;
先知先觉,应运而生。

三师全体

并世谁友,其列宁乎,欧洲兮一人千古,亚洲兮一人千古;
有志未逮,殆尼父矣,知我者三民五权,罪我者三民五权。

无锡中学校全体

君为轻民为贵,知和而和善斯可矣;
生也荣死也哀,求仁得仁又何加焉。

实业学校

举国尚纷拏,慨缔造艰难,大愿未酬华盛顿;
普天应痛哭,倘自由不死,继踪定有马志尼。

竞志女学学生自治会

持三民主义,创五族共和,乃革命圣,乃自由神,碧落怅何
之,华夏河山齐溅泪;

仰基督宗风,参卢梭政见,是菩萨心,是涅槃果,黄魂偿来复,禹甸日月庆重光。

泰伯市立第三学校

只手挽狂澜,革命钦护法钦,卅年来为国为民,耗空热血;
鞠躬真尽瘁,南征也北伐也,百世后公非公是,自有定评。

泰伯市第八学校

革命先觉,开国元勋,伟业丰功,独有英名传后世;
义不帝秦,志竟复汉,人亡躬瘁,空留遗恨在神州。

无锡市十一初级学校教员学生

伟业建共和,即政治道德而言,已堪千古;
大名垂宇宙,溯商汤周武以后,止此一人。

无锡县教育会

登英伦一角使楼,蒙难坚贞,知当年手创共和,险苦独绝;
倡中国三民主义,遭时困顿,际此日悲深土庶,追悼同声。

市董事会市议事会

废帝制,倡民权,旋乾转坤,扫荡数千年遗孽;
生粤东,没冀北,以身殉国,伤怀四百兆同胞。

溥仁慈善会

革命竟成功,为斯民除旧布新,功乃不朽;
此身虽已死,有同人继志述事,死亦犹生。

钱业公会

凭赤手改造中华,誉者众,毁者亦众,所恨大功未竟,胡不少留,五族黎元同一哭;
为苍生草创革命,发之难,收之愈难,太息遗嘱数行,殁而犹视,九原灵爽炳千秋。

中国孤星社无锡第二分部

先生何尝死,只一点爱国精神,救国主义遍传民间可歌泣;
男儿不偷生,鼓万丈奋斗勇气,牺牲决心狂吹革命作山河。

长安桥保卫团

大业未成功,紫金山头埋骏骨;
先生遽易箦,黄花岗畔会忠魂。

松江县国民党第三区党部全体党员

唤起民众,为民众争自由,专制克除,无愧作民之主;
致力国家,替国家谋幸福,元勋遽丧,宜乎举国同悲。

县立第二高小学校

（一）
其一身系天下安危,不有我公,则洪宪帝制以还,都雄心未死;
揭三民为革命主义,宁无舆论,自广州护法而后,固众口称贤。

（二）
革命数十年,步武列宁,地下不愁无知己;
同胞四百兆,愿瞻华胄,国中安可丧斯人。

松江第一女高

革命犹未成功,看神州莽莽,后事何如,敢云非后死者责;
平权亦须努力,叹女界沉沉,光驱安在,欲乞诸先生之灵。

浦南旅松三中

数千年专制扫除,曰三民,曰五权,宏愿未偿,国事尚翻云覆雨;
几万里呼号奔走,为人道,为正义,群伦共仰,胸怀如白日青天。

开蒙小学

国体更新,聊偿素愿,英雄事业在千秋,先生犹未死也;
民治实现,须竟全功,世界潮流瞬万变,后起其奋兴乎。

教育局

只手挽神州,四十年苦志经营,凭不淫不移不屈精神,利
害两忘,使斯民出水火以登衽席;

大星沉燕野,亿兆人同声悲悼,溯立德立功立言事业,荣
哀一致,其令名震中外而烁古今。

图书馆

大任降是人,苦其心志,劳其筋骨,饿其肌肤,冒百千艰险
而为平民谋自由,功成不居,先生可以风矣;

中原方多难,富贵不淫,贫贱不移,威武不屈,秉强毅精神
以与浊世相奋斗,赍志以没,后死应共勉之。

松江县教育会小学教育研究会

功我奚敢,罪我奚辞,上下五千年,独开一格;
成不为荣,败不为辱,纵横数万里,能有几人。

市公所

是中国伟人,是世界伟人,是历史伟人,独往独来,公真健者;
有民生主义,有民族主义,有民权主义,再接再厉,责在后贤。

练塘评论社

壮志未酬,曰和平、曰奋斗、曰救中国,虽在弥留犹屡诵;
盖棺定论,不娶妾、不治产、不借外债,欲加之罪患无辞。

───────── 吴 江 ─────────

吴江县党部暨各区党部

行易知难,唯先生独标真谛;
任重道远,痛吾党遽失导师。

吴江第一区党部

开新国先河,百祀英名留柱史;
慨万方多难,一腔热血付东流。

吴江第四区党部

首领本统属国民,恨党派分歧动多赖手;

心肝可质对天日,借医生一割掬示同胞。

吴江第七区党部

缔造共和,留得大名垂宇宙;
发扬民治,还从时势吊英雄。

吴江第八区党部

奔走共和,推翻专制,不惮躬亲矢石,有志竟成,最可钦敝
屣尊荣,媲美唐虞揖让;
未筹善后,先染沉疴,何图病入膏肓,明星遽陨,问此后平
民政策,谁堪担任仔肩。

吴江第一区第一分部

事业苍茫悲落日;
精神旁薄亘长天。

吴江第三区第一分部

平民革命,到死勿休,列宁乃具此毅力;
天下为公,有志未逮,尼山或是其前身。

吴江第四区第一分部

不恋爵位,不贪钱财,不惜性命,试问今之士大夫,几个实行其一节;

要存种族,要保过家,要安人民,请看后来秉政者,谁能跳出此五权。

吴江第四区第二分部

万古千秋,先生尚在,岂唯今日;
三民五权,圣人后起,不易其言。

吴江第四区第三分部

为吾民生,为吾民死;
受天下谤,受天下名。

吴江第五区第一、二、三分部

一身系国民安危,革旧振新,未了暮年心事;
群众得先生唤起,宏谟毅力,永为同志楷模。

吴江第六区第一分部

推倒满清,缔造共和,此事洵堪勒石;
三民主义,五权宪法,实施应待后人。

吴江第九区第一分部

终岁奔波,与被压迫同胞吐气;
卌年尽瘁,为不平等民族申冤。

吴江县代用平梅女子小学校

革命著先声，义愤填胸，五族共和期一致；
遗型垂后世，痼疾在抱，三民主义炳千秋。

新南社

薄华盛顿而不为，何况明祖；
于马克思为后进，庶几列宁。

吴江城区市民公社

歇浦起义军，五族精神振民主；
金陵销王气，六朝烟雨葬国魂。

盛泽国民会议促成会

创共和新局，十四年建设未全，后死者宜肩重任；
为革命元勋，卅余载行言如一，先生外无此完人。

盛泽平民教育促进会平民图书馆

维持现状，旦夕苟安，痼疾究难医，举世茫茫谁觉悟；
弘济时危，始终奋斗，兴邦唯革命，斯人察察足伤悲。

新黎里报社

至德无称,无泰伯以天下让;
哲人其萎,鲁仲尼为万世师。

震泽中医学会

只手挽天下,出我民于水火;
豪气干云霄,为旷代之英雄。

震泽医院

世局六角五张,愤若辈狠心野性,扰攘不已,政治之清明难期,挽救狂澜宜诛奸宄,欲求奸宄销乎,还须革命;

国病千疮万孔,仗先生杏林奇术,针砭兼施,肘腋之疮痍渐复,祛除遗毒仍赖良医,无奈良医去矣,谁竟全功。

中华民国医药学会江苏分事务所 江苏医专同学会苏州分会震泽医院

丹阳县立第二小学

东瀛飘泊,西陆栖皇,卅载历忧劳,没世大名垂宇宙;
北府陈书,南都逊位,千秋有公论,毕生宏愿奠宗邦。

丹阳县立第三小学校

缔造共和,俾华盛顿遗风,从此永传于中国;
铲除专制,使拿破仑毒焰,不能再现诸当今。

丹阳市立一校

言论立千古定评,非家天下,倡公天下;
功业有卅年尽瘁,其生也荣,其死也哀。

城西平民学校

万里奔波,主持公道;
卅年奋斗,拯救平民。

正则女校师范预科同人

游大陆历重洋,摧彼专制魔倡三民主义;
讲自由谈解放,为我女子界开一线光明。

丹阳师范同志会

铲除四千年专制淫威,已由先生做去;
造成五大族共和幸福,还须我辈重来。

城厢市立三校童子军五团

废除阶级制度,推翻君主威权,专制余毒十四载尚未扫
清,先生去矣,椎血呕心,犹恨成功未竟;
联合人群奋斗,宣传民治精神,揖让雄古风亿万年从兹
奠,定志勉哉,空拳赤手,仍须努力向前。

丹阳县农会

三民主旨,五权精神,千古不磨,谁标此二义;
列强冯陵,兆姓痏痛,万方多难,群念兹一人。

丹阳民立医院

大德在民,赢得哀思倾薄海;
良医救国,愧无才力继先型。

常熟私立孝友学校初中甲一年生全体

公是苍生望，
我为天下忧。

常熟私立孝友学校高小部乙二年生全体

大业未完，痛万姓犹罹水火；
英灵不泯，愿千秋常护山水。

常熟私立孝友学校高小部甲二年生全体

倡革命以驰驱，险阻艰难，卒建共和政体；
为主义而奋斗，光明磊落，不愧领袖群流。

青浦旧同盟会会员全体

殚心共和四十年，官僚忌，军阀忌，帝奴尤忌，众愈忌则德
愈彰，看专制余孽，再有野心来决斗；
努力革命十七次，倒满难，倾袁难，羁曹更难，事日难而效

日速,愿亲爱同胞,共遵遗嘱竟全功。

青浦公立第一小学校

举世倚长城,倒专制创共和,痛此时白马素车,一片哀音遍中外;
名言垂不朽,标三民定五宪,看到处黄蕉丹荔,万方俎豆荐春秋。

青浦城厢市立第一初级小学

三民五权,大业未成违素愿;
千钧一发,宗邦何可丧斯人。

青浦市立第七初级小学

国民闻先生亡,热泪频挥,不问其为公为私,究属难得;
同志多后死在,狂澜虽倒,只要能一心一德,尚有可为。

青浦北凤天方铁乡立第一小学校

造共和,革专制,有经济真学,有政治天才,救国奏全功,
公堪不朽;
阅行述,读遗言,是当代英雄,是民众领袖,霎时倾泰斗,
我谁依归。

青浦县议事会

生人杀人是为豪杰，
知我罪我其唯春秋。

青浦县参事会

三户竟亡秦,志决身纤,赢得大名垂董史;
万方正多难,瓜分豆剖,长留遗恨在羊城。

青浦县教育会

（一）
共和成,专制倒,创中华伟业;
先生死,主义存,赖我辈进行。
（二）
牺牲如耶稣,奋斗似列宁,三民五权垂不朽;
革命未成功,同志宜努力,万方一致诵遗言。

青浦城乡市公所

英雄造时势,前无古后无今,至死不朽,欲达兹五权三民主义;
政体改共和,务其名失其实,成功有待,谁担此千钧一发仔肩。

青浦北凤天方铁乡议事会

立德立功立言,先生乘风归去;

民生民权民族,我辈卷土重来。

————————— 川 沙 —————————

国民党川沙区分部

只手造民国新邦,三五立主义,先烈之谋,后死之责;
一身系世界大局,四十未成功,前贤所历,来者所遵。

————————— 宿 迁 —————————

宿迁埠子市教育改进社全体

革命耶,流血耶,露胆披肝,先生以身作则;
爱国欤,保民欤,遗言在耳,吾党好自为之。

————————— 南 通 —————————

唐闸市孙公追悼会筹备处同人

抑专制以改建共和,开中国数千载未有创局;
化征诛而变成揖让,垂后人亿万年无限追思。

纺专工人夜校全体

拓开新世界，还我旧河山，讵期中道分崩，来日大难士农工商同一哭；

德迈拿破仑，功同华盛顿，从此明星突杳，英灵不昧烝尝禘袷饷千秋。

大生织物公司

知所恶有甚于死者，

非夫人之恸而谁为。

---------- 山 东 ----------

山东省省党部

主义贯通三民，国宪特标五权，世衰道微，胥赖拯济，万邦仰鸿慈，社会维祈福集中华，有谁再连篇累牍夸林肯；

棣北入党廿年，岭南护法八载，言仿师表，皆我师承，一旦失先导，吊祭不至病彻肺腑，那堪听里巷逐街哭列宁。

青岛市民追悼大会

乃圣乃神，乃武乃文，出乎其类，拔乎其萃；

自西自东，自南自北，就之如日，望之如云。

中国国民党青岛市党部

地下数同人,遇列宁应相视而笑;
天上见先祖,配黄帝为不祧之宗。

中国国民党青岛市第一区党部

革命尚未成功,试看国运与日俱退;
同志仍须努力,以慰先生在天之灵。

中国国民党青岛市第二区党部

打倒帝国主义,打倒封建军阀,护国良谋于今仍在;
废除不平条约,废除治外法权,救民宏愿此后弥彰。

青岛市第二区党部执行委员会

共和联五族,专制立消,由是祖国勿忘,曾赖先生开变局;
主义倡三民,大功未竟,奈何昊天不吊,偏教吾党丧元勋。

青岛市第二区党部第二区分部

革命数十年,叹专制余孽犹存,英灵遗恨;
同胞四百兆,痛共和元勋长逝,血泪抛残。

中国国民党青岛市第三区党部

大仁大勇大慈悲,一片婆心照澈人寰,尽道先生即是佛;
救国救民救世界,数言还嘱唤醒同志,相怜吾党失良师。

中国国民党青岛市第四区党部

三民五权,创自先生,责在吾辈;
千秋万岁,后有来者,前无古人。

中国国民党青岛市四方第一区分部

大声疾呼,唤醒来几许农工商士;
努力奋斗,得罪了多少军阀官僚。

中国国民党青岛市四方第二区分部

四十年东西奔走,历尽艰辛,功在苍生,最堪记临没谆谆
不渝初衷,宜享大名垂宇宙;
五千年上下相蒙,无非专制,手造民国,只难忘主义昭昭
永炳人寰,应无遗憾到黄泉。

中国国民党青岛市四方第三区分部

百世功名人共仰,
一生艰苦有谁知。

中国国民党青岛市台西区第三区分部

三民主义,五权宪法;
革命天使,自由神仙。

山东省立第一中学

五千年帝制流毒,赖先生树起五权宪法,三民主义,缔造新邦,只手转玄黄,创此空前事业;

四百兆民生涂炭,看今日仍知强邻群迫,军阀私争,内外交困,哲人顿萎谢,孰擎此后河山。

山东省立第四师范附小学校

亿兆众追怀元老,救民水火还我河山,宠利竟勿居,让德无惭华盛顿;

四十年革命生涯,志扫群魔力持正义,成败非所睹,鞠躬尽瘁武乡侯。

青州基督教崇实小学校全体

莫凭成败论人,请看方略昭垂千古,文章光日月;
确有经论济世,只为国民落寞一生,遗恨满乾坤。

青岛市民公会

战清胜战袁胜,胜固立功于千古;

为国死为民死,死可瞑目于九泉。

青岛市教育会

振刷民治精神,永昭先烈;
打破帝国主义,继起何人。

青岛女界联合会

民族解放尚未成功,不幸遽亡吾国父;
女权运动方在萌发,奈何先丧我良师。

青岛国民会议促成会

遍地尽干戈,澜狂鼎沸,为何骨肉相残,燃萁煮豆,致令先生不忍见;
普天同震悼,涕下神怆,唯冀身心自励,践训力行,勉为后世之中坚。

胶澳商埠港政局全体职员

本三民主义,创五族共和,大业甫观成,正期展元老壮猷,国事于今资底定;
殚卅载精神,谋兆民幸福,全功犹未竟,何遽使归真极乐,英灵终古恨偏多。

胶澳商埠观象台同人

终身百折不回,直以革命可为生活;
此日万人空巷,盖其主义能动邱民。

青岛印刷工人同志会

当新潮澎湃之秋,遽尔陨亡,弱小民族谁解放;
为军阀披猖所梗,虽传主义,后生豪俊失师宗。

胶澳商埠工程事务所全体职员

大陆将沉,旋乾转坤,此后谁支一木;
盖棺论定,鼎新革故,他年自有千秋。

胶济铁路总工会

朱门酒肉臭,路有饿死骨,自古已然,人吃人原都是事理
之常,穷工人生来受苦,想是活该反此者皆算赤化;
烟雾散玉质,中堂舞神仙,于今为烈,物交物鲜不为利欲
所蔽,老先生没世鄙弃,而今死去怜吾辈更有何人。

胶济铁路车务处同人

共和两字尚虚名,先生定不瞑目;
遗嘱数行犹在耳,后起莫卸仔肩。

胶济铁路总工会青岛分会

杀人有以异乎,唯吾侪贱材教做苦工,不教吃饱饭不在此例;
枉民而可为也,看彼季之子争据大位,莫争任宏图别具闲情。

青岛公民报同人

公无报馆,则主义不传,伟矣,册年行革命;
墓傍明陵,为山川生色,休哉,百世荐馨香。

中国青岛报社

推翻专制,改造共和,革命著首功,已呕尽一腔热血;
扩张民权,主持自治,建议成往训,不愧为当代伟人。

广东旅青同乡

辅世者求世治,霸世者乐世乱,古今时世尽伤心,一例贤
人皆遭逢不幸;
爱公者欲公生,恶公者喜公死,中外知公同下泪,独他政
党偏得意兴歌。

胶澳商埠公立通俗教育讲演所

费半生好光阴,改建共和,忧国忧民,到今日方才撒手;
添一段新历史,演讲革命,可歌可泣,看大家那不伤心。

青岛青年共进社

抱革命志,走东亚走西欧,有愿必偿,河山重光新国体;
渡日本海,而神户而天津,积劳以殉,风雨凄惨会燕京。

胶澳日报社

造民国已十四年,身后尚留真主义;
隔京师亘数千里,眼前急望有传人。

胶澳督办公署外交科同人

天道宁论,先生竟遗民众去;
人心哀感,后死应图建设功。

青岛万国体育会

向世界作新建设,四十年累死英雄,犹自万方多难;
为人群争真自由,亿兆众齐瞻山斗,常留千古宗风。

青岛运副公署同人

三民主义五权宪法,徒留学说传海内;
骨瘗金山灵栖碧寺,永存浩气在人间。

胶济铁路总工会四方机厂分会

繁华扰扰场中,阔佬乘驷马,衣轻裘之采烈兴高,谁复可怜我辈;
轮机轧轧声里,工人忍饥寒,被压迫的心血眼泪,是真痛哭先生。

青岛无线电报局

革命未成功,先生犹留余恨;
大家须努力,后死勿忘此言。

胶济铁路机务处同人

革命最先觉,主张国是,扶植民权,全力铸共和,直见伟名震中外;
邦家正为难,一统未成,元勋忽逝,世情深哀悼,常留英气壮河山。

东镇市场事务所

柱石遽崩颓,底是民国大不幸;
典型常昭著,纵在草木亦含悲。

青岛齐燕会馆全体同人

卜佳城于建业明陵,名与江山齐不朽;
以革命造共和国体,勋追法美永留芳。

青岛港政局工务科全体员工

主义倡三民,劳工实为神圣;
馨香遗万世,我辈共戴先生。

青岛江皖苏浙会馆

革命历四十寒暑,始终主义不变,毅力真堪垂千古;
建国采三五方略,体用民生为先,仁言溥沾到全球。

公义互助会

主义重三民,铲除帝制手创共和,功高昭著志未竟;
宪法立五权,敦睦强邻发皇国势,力追欧亚继先灵。

胶澳商品陈列馆

为国为民,毕生勋业几铁血;
先知先觉,万古云霄一羽毛。

胶澳商埠农林事务所

丰功上等穹苍,浩浩信难名,若云鼎革已如心,犹是以蠡量海大;
主义直同星日,昭昭咸共仰,倘有英髦能继志,何须挥泪哭山颓。

渤海舰队同人

专制推翻,开兹创局;
元良殂丧,失我长城。

宁波旅青同乡会

殚毕生精力,奔走呼号,特为生民救水火;
论我公宗旨,光明正大,长留浩气摧妖魔。

胶东新报社

共和元勋,何遽逝世;
民党首领,继者谁人。

日照县同乡会

宏功超迈华盛顿,
卓识远过巴枯宁。

潍县旅青同乡会

名固常昭,堪励后进;
人孰与死,犹念先生。

404

胶澳平民促进会

元勋痛先折,说什么五权宪法三民主义;
后起果何人,唯盼望共和永固革命不再。

旅青广东会馆

两度入京,此行革命再成功,方拟从容施大计;
一生为国,假使共和无障碍,何劳尽瘁殒天年。

商民协济会

四十年困苦艰难,共和之政体乃立;
亿万姓痛惜哀悼,先生之遗泽孔长。

中国青年会

共和肇造,帝制推翻,功业已归前辈录;
五权宪法,三民主义,典型留作后人看。

胶澳商埠普济医院同人

志在济世功在救民,缅卅年革命成名,只手顿开新世界;
生于香山殁于北阙,叹一朝鞠躬尽瘁,孤魂常绕旧山河。

青岛电话局女子进德会

　　闺阃为囹圄礼教,桎梏幽愤充溢,二百兆余,数女同胞终身长如此世陷地狱中之鬼;

　　解放是实施平权,原则慈航普济,四千年来,唯孙先生没世犹争吾侪作政治上的人。

胶澳商埠电话局

　　坚忍绝似拿皇,问并世群雄,谁堪伯仲;

　　勋烈略同明祖,痛归神辽鹤,莫挽沦胥。

胶澳台东镇商务会

　　将五千载世局一翻,赢来青史特书,肇开民国;

　　准十四年中华三月,何意苍天不吊,遽夺伟人。

青岛中华体育会

　　内政俶扰,建设无从,伤哉,梁木遽摧,沧海横流思砥柱;

　　强邻忽视,隐患正殷,悲夫,救星忽陨,同仁洒泪哭先生。

挪庄迁移维持善后会人力载货车同业公会

　　革命未成,同志奋斗,遗言已垂史迹;

　　三民主义,五权宪法,经国自有文章。

胶县旅青同乡会

十四年缔造共和,武汉风云标义气;
亿万众同深追悼,胶湾呜咽注悲声。

青岛车站同人

主义耀全球,与日月同明,公胡能逝;
寇仇环四面,遗山河未复,予曷敢忘。

胶澳乡民公会

天下为公,留得大名垂宇宙;
精神不死,同声一哭孙先生。

大青岛报社

政变迭生,那堪回首北顾;
大局未定,遽尔撒手西归。

山东卷烟特税青胶区分局

白日青天,建国有如此义帜;
披肝沥胆,毕生全布大公心。

胶澳督办公署民政科同人

坚苦卓绝，革命乃告成功，允矣公应称健者；
震撼危疑，救国谁能济美，何堪天遽夺斯人。

中华学艺社青岛事务所同人

凭三寸舌，勖百万健儿为国捐躯，为民请命，为党戮力，奋斗精神历四十年如一日；

兴九州师，表群众公意在宁制宪，在沪起义，在粤护法，共和事业合诸先烈冠千秋。

青岛时报馆全体同人

生亦何喜，死亦何悲，唯问功勋曾竟未；
国如欲强，民如欲醒，但看学说已行否。

水道局全体同人

时局正纠纷，方期一手擎持，忍使先生遽殂谢；
斯人已长往，从此三民主义，都凭后死任艰劳。

胶济铁路商货统捐局

主义标三民，到底弗懈，方祝大功告成，霖雨苍生咸被泽；
宪法分五权，至死靡他，忍读同志努力，风涛碧海痛招魂。

胶澳乡区学界联合会

廿年前海外归来,心伤专制,手创共和,已自大名垂宇宙;
千载后人心不死,月落天南,风凄地北,犹将涕泪吊英魂。

胶澳商埠公立通俗图书馆

大功未全竟,譬九仞为山篑土犹亏,往事顿成革命史;
洒泪问谁多,读三民主义建国方略,伤心最是阅书人。

山东牛照分局

手无寸铁,推翻专制,压倒军阀,六十年挫折屡经,至死不变真革命;
名震全球,妇孺行哀,中外追悼,千秋后史册记载,唯君能称大英雄。

青岛大学全体学生

殷勤说知行,弱者使强,愚者使智;
辛苦谋建社,公而忘私,国而忘家。

青岛大学教职员

创三民取权,建设勋业迈往古;
经九死一生,改革事功属斯人。

胶澳商埠胶东中学校

同志成英豪,弱者掣肘,强者叛逆,因权利之转移,随波逐流,唯总理能坚能忍,备极贤劳,义师报捷身先死。

勋名震全球,内争自由,外争平等,为三五而奋斗,博学伟划,须吾侪再接再厉,贯彻精神,人格未泯魂归来。

胶澳私立师范讲习所

只手挽乾坤,忆当年革命成功,惜未竟三民主义;

勋名震宇宙,叹今日哲人其萎,洵堪教五族同悲。

青岛胶澳中学校

悬一面假招牌,号称民国,任城狐社鼠,凭借售奸,闾里凋残,或且引为共和罪,终身革命,勇往直前,岂好事哉,盖先生不得已也;

论千秋真价值,孰是伟人,尽政蠹文妖,侜张欺世,吹求苛细,只应均作谣啄观,遍地逞兵,仓皇善后,诚多故矣,问此际谁其尸之。

胶澳商埠公立女子两级小学校

垂死呼声,和平奋斗救中国;

毕生愿力,革命牺牲拯斯民。

公立法海寺初级小学校

痛先生赍志以殁,孰拯生灵于涂炭;
愿吾党遗嘱是承,群为正义作牺牲。

胶澳商埠公立青岛两级小学校

倡三民伸五权,为世所宗,无愧色堪称大圣;
疗专制造共和,医国之病,有奇方是真扁华。

胶济铁路青岛小学校

勋业著中华,五千年帝制一手推翻;
大名垂宇宙,四百兆平民同声哀悼。

胶澳商埠公立姜哥庄小学校

劳农良商苦工善士,尽属好友,意在同心同力,谁想十几
年经营,仅散布革命种子;
官僚政客恶吏流氓,一切无缘,心存为国为民,可惜卅余
载辛苦,空悬起共和招牌。

中国青年会附设夜学校

革命未成功,遽尔先死;
后辈不努力,是为虚生。

胶澳商埠青年会附设女子职业学校

共和政体已告成,先生实居功首;
国民会议未开幕,何人继起主张。

私立青岛中学校

创革命四十年,赍志以终,灵雨飘飘山岳暗;
望京华千余里,遗容宛在,高风落落海天长。

公立上流小学校

老者安,少者怀,朋友信;
泰山颓,梁木坏,哲人萎。

青岛林内义务小学校

孔子以前,未有孔子;
中山而后,孰为中山。

青岛私立育英两级小学校董事会

抱九死一生,排专制造共和,志气凛冽垂后世;
倡五权三民,先破坏继建设,主义彪炳昭来兹。

青岛台东镇两级小学校

　　四千年专制余毒，一旦改造，五族共和方冀仰重作民仪型，岂知大功未竟，一别足成千古恨；

　　廿二省广袤幅员，居然革新，万民同欢每思步尘为国驰驱，矧意钜猷初展，永诀堪资万载悲。

青岛公立职业学校

　　英雄肝胆，菩提心肠，救世而来，归真而去；

　　民国元良，弱族慈父，铸金纪念，刻石纪功。

青岛西镇公学毕业学生

　　天不憖遗，先生已矣；

　　责无旁贷，后起勉之。

沧口公立初级小学校

民国已造成，伟绩卓越，统古今中外英俊贤豪，当推先生为首；

革命功未竟，遗嘱恳切，愿兄弟姊妹努力奋斗，以慰在天之灵。

礼贤中学校

　　先生其果死乎，中华如永存，先生不死；

　　大功犹未成也，国民继厥志，大功可成。

台东镇信义两等小学校

风雨猛回头,手造维艰,帝国已除民国立;
乾坤空洒泪,魂归何处,他生未卜此生休。

公立韩哥庄小学校

享同等得自由,我辈乃有今日;
建共和铲专制,先生自足千秋。

青岛三江学校

大局垂危,群公束手;
元勋遽殒,全国伤心。

青岛私立挪庄小学校

开千古未有之局,合五族为一家,建造共和,名震中外;
启后来维新之源,将三民嘱同志,返归真璞,悲动乾坤。

胶澳商埠公立台东镇两级小学校

创造共和,力争平等,建国同志尚在;
推倒专制,打破阶级,革命精神犹存。

青岛私立尚德小学校

大义首倡,毕生奋斗争五权;
共和再造,独力支持为三民。

胶澳中国青年会附属模范小学校

为公理争,为人道争,争回了民主国体;
继克强死,继松坡死,死的是重若泰山。

胶澳商埠李村公立两级小学校

开千古创举,唯英雄能造时势;
合五族而共,和天道一视同仁。

青岛新学生社

为世界谋改造,为人类谋自由,创三民主义,制五权宪法,
是革命之导师,是群众之先觉;

弃总统而不居,弃元帅而北上,倡国民会议,废侵凌条约,
诚中华之慈父,诚东亚之明星。

青岛文德女子中学校全体

汤武奚奇哉,革旧命作新帝,惟其私不惟其公,如君薄武
菲汤,功成身退奇男子;

死生亦大矣,重泰山轻鸿毛,存乎人仍存乎己,今世荣生

哀死,实至名归大丈夫。

青岛私立育英两级小学校长
王止戈暨全体教员学生

中原正纷扰,伟人竟化去,蒿目时艰,谁是旷代英雄,堪为江河作砥柱;

共和尚幼稚,大星忽告陨,痛心无已,爰率全校师生,同向邦国哭长城。

益都县立模范初级小学校

能让临时总统,能造民国共和,魄力胸襟已觉高怀凌碧落;

不赴京邸吊丧,不向钟山送葬,痛心疾首各将哀泪洒青州。

日本胶济时事新报社

柱石擎天,不独入中华无双之谱;

丰功盖世,亦可为寰宇有数之人。

日本电报通信社青岛支局

跻世界于大同,厥功未竟;

合全球而追悼,此恨何穷。

日本青岛新报社

民众欲得自由,咸望先生此日奈何殂谢;
军阀不知悔祸,岂惟一国吾人也自呻吟。

日本青岛海运同业组合

世界期大同,唯先生亲仁善邻,抱此伟志;
遒山忽返驾,问全球戴发衔齿,孰不伤心。

日本东方通信社青岛支局

亲仁善邻,方期宏力旋转;
三民五权,足为一世楷模。

日本山东新闻社青岛支社

义气凛然,全球谁不赞仰;
先生已矣,吾人亦自兴悲。

日本青岛海事协会

河岳无灵,大好神州谁做主;
日星上陨,凡为黄族总伤情。

日本大阪朝日新闻社青岛支局

民族民生民权主张，未使身前酬志愿；
同种同洲同声一哭，不分国家吊英雄。

日本青岛日日新闻社

英雄已长逝，惜人才何分畛域；
昊天之不吊，叹中华失此干城。

───────── 在青岛的日本人 ─────────

崛内谦介

同文同种，望切同荣，方欣无间中东，衽席同登称至乐；
至德至人，功追圣贤，孰意遽颓山斗，冠裳至此哭同声。

驻青岛日本帝国领事　崛内谦介

铃木格三郎

烟雨凄迷，并海有人凝血泪；
昔容寂寞，黄河流水是哀声。

青岛日本商业会议所副会头　铃木格三郎

广濑顺大郎

世事已无常,此日归休碧云寺;
音容何处觅,他年凭吊紫金山。

驻青岛日本广濑顺大郎

小林象平

公实革命家,赤手创民国;
吾是居留者,抚膺悼伟人。

驻青岛日本小林象平

渡濑二郎

日月经天,江河行地;
一人不寿,万国同哀。

胶澳商埠督辨公署顾问　渡濑二郎

甲斐靖

中国丧元勋,五族人民皆怆痛;
友邦哭豪杰,全球群众共追思。

驻青岛日本甲斐靖

佐佐木国藏

去年东渡,议论叹恢宏,方冀亚洲成一体;

此日西归,典型空仰望,应令寰海哭同声。

青岛日本商业会议所会头　佐佐木国藏

加藤长一

革命精神,亘古不灭;

建国主义,友邦同钦。

驻青岛日本加藤长一

平冈小太郎

愿受尺土为氓,盼政治修治,方祝先生耄耋寿;

蓦教万民无主,惊天日昏暗,岂唯同种肺肠悲。

青岛本居留会议长　平冈小太郎

--- 河 南 ---

河南省焦作县中小学校

人之云亡,邦国殄瘁;

爱尔不见,我心伤悲。

建国豫军将士

大业费汗筹,竟何图战苦中原,以催遗命;

悲笳催缟园,最难忘师行北伐,手授红旗。

河南女界

破坏匪艰,建设唯艰,共和未竟完功,难乎革命;
个人虽死,国民不死,女子亦与有责,勉哉同胞。

--- 山 西 ---

山西铭贤学校全体

非以役人,为世界争平等自由,尽瘁鞠躬原不死;
是诚在我,与同志誓守先侍后,披肝沥胆吊先生。

太原晋阳日报

五大族共和,民国缔造艰难,载稽殊勋,唯我公允为上首;
四千年礼教,宗邦飘摇将覆,欲撑危局,问伊谁独任仔肩。

--- 陕 西 ---

西安教育会

此老是世界英雄,扫万里风烟,定一统山河,名流百代;
其人作中华元首,抱三民主义,申五权宪法,志矢千秋。

西安劝业所全体

当世局多事之秋，安危所系，责任非轻，方期体念时艰，四海升平待此老；

是民国共和元首，勋业最高，中外皆仰，哪料大江星陨，一统南北望何人。

西安中学教员全体

推翻专制，改造共和，数十年惨淡经营，到此事业成隔世；

名播全球，功垂薄海，廿余省馨香吊奠，当留英气在中原。

景龙中学校全体学生

奋斗和平弥留时，喃喃不绝，此心此志，有如青天白日；

坚苦卓越革命功，念念在兹，无我无人，能弗泣雨凄风。

陕西禁烟局

千载有功评，即此勋名，一统未偿开国愿；

万方正多难，如何收拾，九原应显救时灵。

西安中华书局

为主义死，为中华死，徒教五族同胞，放声一哭；

有破坏才，有建设才，尤望全国后起，努力继承。

耀县第四游击支队官佐弁名

至德乃成至道,三百年水深火热,民气莫伸,天生名世新日月;
伟绩端赖伟人,廿二省风腥雨膻,积重难返,君独只手挽山河。

———————— 热河承德 ————————

热河承德县县党部全体党员

为革命元勋,为吾党导师,煌煌遗嘱式仪型,不让马卢称独步;
是世界人物,是民族保障,茫茫五洲失砥柱,将与威烈较平生。

———————— 察哈尔 ————————

察哈尔省党部

先生死矣,同志失提携,东亚民族失保障;
小子勉之,异党敢跋扈,西欧帝国敢强顽。

———————— 黑龙江 ————————

黑龙江甲种工业全体学生

百折不回,了却一生唯奋斗;

寸心可表,临终片语是和平。

黑龙江甲种工业学校初中学生全体

先生云亡,孰谓天心厌乱;
群龙无首,愈教时事难平。

黑龙江省立第一师范学校全体学生

破坏然后建设,先生之方法如是;
努力乃能成功,犹辈的精神若何。

黑龙江公立法政专门学校第六级学生

赤手创共和,至死不忘三主义;
清风砭顽懦,传家唯有五车书。

黑龙江女子师范省立学校第七级学生

破坏而兼建设,九秋风霜,三春雨露;
奋斗以求和平,英雄肝胆,菩萨心肠。

黑龙江女子师范附属高小全体学生

真英雄,能造苍生福;
惟大人,不失赤子心。

黑龙江省立女子中学校全体学生

帝制竟推翻,已令海隅苍生,得重瞻汉室河山明家日月;
夜台应太息,环顾党中诸子,谁能靖西南内乱东北边氛。

黑龙江省立女子中学三年级全体学生

国事正是非莫定,折衡樽俎端赖名言,孰意议席未登,一
夕千秋,缄口不谈赍志殁;

公诚抱饥溺之怀,东西朔南咸被盛德,讵料大星遽殒,万
方五族,伤心凭吊怅魂归。

黑龙江省立女子中学初中一年级学生

推翻帝制,复我民权,薄海同情伸爱戴;
江上峰青,香山月冷,塞天何处哭先生。

黑龙江省立女子中学附属小学全体学生

革命未竟全功,生前遗恨;
追悼又传远塞,死后哀荣。

东三省国民党

只手障狂澜,铲除五千年专制淫威,奈何落照西崦,未了
生平事业;

仔肩在后死,端赖四百兆同胞奋起,相与追纵先烈,争持民主精神。

笑生社

革命即求学,求学要革命;
民众有武力,武力无民众。

安徽安庆

安徽省议会

列宁同生,有德于民则祀;
耶稣未死,其志在天为神。

芜　湖

芜湖萃德中学校全体学生

生死足千秋,铲专制造共和,功业皇皇垂宇宙;
毁誉付一笑,争民权倡护法,公忠耿耿撼河山。

阜阳东北镇第二高级小学校全体

一生无尔汝恩怨可言,故虽或为政敌,或为寇雠,但使降心相从,罔不推诚谋共济;

几度历险阻艰难之会,唯是积极进行,积极奋斗,今尚全功未竟,如何撒手遽归真。

阜阳刘氏私立小学校全体

不计祸福,不计成败,不计死生,上下五千年,只手推翻专制;

还我自由,还我平等,还我汉族,纵横九万里,孤身历尽艰辛。

阜阳南二镇第三小学

试看十余年变乱相寻,无论若何魄力若何声威,不服从先生主张,转瞬总归失败;

方为四百兆人民托命,那料遽染沉疴遽归大暮,长太息前途黯淡,同胞安所皈依。

阜阳苦儿工业院

吾侪贫苦儿童,非我公打破阶级,那得与世人平等;

今日劳工神圣,愿从此各勤职业,庶几为民国中坚。

阜阳商会会长王世簪、宁文彬及全体会员

数十年惨淡经营,呕许多心血,拚许多头颅,再接再厉,百折不回,有志事竟成,到底推翻专制;

廿二省联合会议,望之者云霓,迎之者车马,畸重畸轻,万端待理,启明星遽殒,仗谁拥护共和。

阜阳政论会

首建排满帜,屡起革命军,呼号奔走,劳苦功高,国家景运维新,万祀千龄同不朽;

屡行三民治,独创五权法,奋斗竞争,鞠躬尽瘁,人类明星忽殒,九洲四海共衔哀。

———— 蚌 埠 ————

育秀女学校全体

专制废共和成,是造时势英雄,绝后空前,天下同声称国父;

哲人萎梁木坏,愿合钗裙姊妹,罗花献酒,一齐洒泪哭先生。

总商会

历四十年险阻艰难,实行主义,共和缔造,有志竟偿,试纵观北美西欧,先生是真革命;

越数千里山川跋涉,遘患沉疴,卢扁不逢,回天无术,堪痛

哭三民五宪,成功责在后人。

歙县县立第一高小职教员全体

爱国犹家,爱民犹子,壮志转乾坤,没世光同日月;
其生也荣,其死也哀,悲歌动中外,问谁重整江山。

歙县县立女高全体学生

无缘识得先生面,
有志绣成国父容。

南陵县教育会

辞总统受元帅,任毁誉祸福,成败利钝,俱无所容心,渺渺前修,是为圣贤,是为豪杰;

重三民尊五权,当险阻艰难,盘错纷纭,竟猝然撒手,茫茫后顾,问谁步武,问谁子肩。

429

圣公会乐育学校

只手挽山河,中山千古,钟山千古;
两雄异国籍,我国一人,俄国一人。

江 西

江西省自治同志会

有史未前闻,成不为王,败不为寇;
普天同下泪,国丧其父,党丧其师。

萍矿学校

为革命奋斗四十年,失败凭他非笑也凭他,独往独来,千
古英雄千古事;

读临终遗书百余字,主义继续进行亦继续,如泣如诉,一
巷楮墨一巷愁。

萍矿学校高三年级学生

独从黑暗中放出一道光明,利赖孔殷,胡竟弃千万般改造
事业而去;

愿随群众后加上几分气力,勇猛前进,以完成四十年继续
奋斗之功。

萍矿学校高等一年级全体

木坏山颓,使吾国合南北东西,此日同声一哭;

竭忠尽智,为民族均贫富贵贱,于公独有千秋。

萍矿学校四年级学生全体

三民主义,五权宪法,学说千古,大名千古;

推翻专制,创造共和,北美一人,东亚一人。

萍矿学校初三年级学生全体

锄恶锄非最难是前仆后兴,四十年如一日;

为民为国既死犹披肝沥胆,五千载无二人。

萍矿学校初二年级学生全体

革命维一心,斩棘披荆不辞巨险;

临终无二语,努力继志全靠同胞。

萍矿端本女校

遥遥华胄溺帝王专制者四千年,先生从黑暗放出光明,说到当日艰辛片言难尽;

蠢蠢恶魔障民治进行已十余载,吾侪望和平解决困难,那堪英雄凋谢会议不成。

萍矿端本女校高一级

读建国大纲，字字是天经地义；
痛革命元老，处处皆雨泣风悲。

萍矿端本女校初四级

博爱主义，建国方针，四十年错节盘根，用心最苦；
民党正兴，台星遽陨，九万里途悲巷哭，其人可知。

工人学校全体

西方列宁，东亚先生，同为被压迫民族解放之领袖；
国际列强，域内军阀，皆是大阻害中华独立之蠹虫。

工人学校第三校

四十年宣传革命，实行革命，革命未成功，何忍半途遗后死；
亿万众呼吁和平，奔走和平，和平尚无望，那堪中道哭先生。

工人学校读书处

倡革命遍历险驵艰难，展转数十年，先生何尝怕死；
丧国父震荡神州大陆，哀号四百兆，吾辈岂肯贪生。

工人学校读书处第四处

先生为人类谋非常幸福,铲除专制建设民权,羡创世功高独享,勋名垂宇宙;

工界被蠹贼施无限摧残,既有外资又逢军阀,愿大家团结共持,铁血壮山河。

工人俱乐部青年部

倾全体青年工人,遵守遗言努力;

愿东方弱小民族,继续革命精神。

四十一区教员

爱国不顾家,无贪财,无畏死,无自诩,勋劳治乱扶危凭只手;

共和谁创造,有胆识,有勇谋,有果敢,壮志成功伟略在三民。

萍矿管理仓处同人

推翻帝制,建造共和,四十年险阻备尝,富贵不淫威武不屈;

生有自来,死而后已,六大洲声名洋溢,舟车所至人力所通。

安源保卫团

恢复旧山河,为同胞造福,为汉族增光,救国维殷,剩有雄心照千古;

创成新世界,是社会伟人,是民国杰士,全功未竟,应留遗恨到重泉。

---------- 湖 北 ----------

国立武昌商科大学学生自治会

三民主义,五权宪法,建国方略,遗著满寰瀛,起废针言有良策;
贫贱不移,富贵不淫,威武不屈,精诚贯宇宙,盖棺论定此完人。

国立武昌师范大学全体学生

只手创共和,勋劳不让华盛顿;
主义标民生,学理精通马克思。

国立武昌商科大学全体教职员

是一代伟人,天胡不吊;
抱三民主义,公实长存。

武昌师范大学

只手创共和,功勋不让华盛顿;
主义标民生,学理精通马克思。

商科大学本一全体学生

为民国前途,放声一哭;
叹伟人殁世,赍志千秋。

商科大学预科全体学生

推翻专制,建造共和,当年备极艰辛,博得流芳百世;
领袖群英,指导民众,今日遽传噩耗,料应退恨千秋。

武昌大学皖豫青年学生会

欧风美雨迫东来,大厦将倾,只手擎天作柱石;
国计民生关北上,晨星顿陨,满腔热血化烟云。

武昌大学湘籍学会

抱三民主义,赍志以终,功在国家,所生无忝;
与历代伟人,相提并论,目空今古,虽死亦荣。

中国国民党湖北省执行委员会

对外宣传主义,对内整饬纪纲,吾党精神,要百折千磨不变;
为国力争自由,为民力求解放,我公事业,在列宁甘地之间。

中国国民党湖北省党部

革命未成功,同志须努力;
吾党尚健在,先生亦长存。

中国国民党铜山县

同志勿悲伤,仍本精神达目的;
先生虽逝世,尚留主义在人间。

武昌师范大学全体学生

只手创共和,勋劳不让华盛顿;
主义标民主,学理精通马克思。

进社

为革命奋斗四十年,还未成功,临死犹呼救国;
听噩耗传来三千里,尚须努力,后生应起扶民。

武汉各界人士追悼孙中山先生大会

(一)

扫除五千年帝制淫威,为惨剧,为欢场,镇血是精神,革命
成功高揖让;
造得四百兆平民幸福,望和平,望奋斗,乾坤归掌握,临终

遗言见精神。

（二）

天为斯人,构一线机宜,死得其地,死得其时,一息千稔,举国服丧咸旷兴;

心敬先生,如万家慈佛,形质虽亡,英灵不灭,五权三民,前途大事属吾徒。

中国国民党汉口特别市湖北省党部执行委员会

帝孽犹存,军阀犹存,不平等条约犹存,撒手丢开民国其何能国;
主义不死,公理不死,亿万众人心不死,同力合作先生究竟长生。

中国国民党湖北省党部

从此当联合全鄂广大群众,树革命旗于黄鹄山头,誓除国贼;
今后唯协助世界弱小民族,建独立邦在白日帜下,共乐民生。

武昌大学皖籍学会

哲人其萎,那个能作中流砥柱;
大度将倾,吾辈应挽既倒狂澜。

武昌大学社会学研究会

大业未成,先生竟溘然长逝;
强敌在望,我辈当勇往直前。

武昌大学群社

先生是古今伟人,纵壮志未伸,三民五权永垂不朽;

我辈值国家多难,念后死有责,千钧一发徒痛哭为。

致忠中学校学生

公亦为民众之一,乃推翻帝制,手造共和,是在有毅力,有恒心,错节盘根,显出英雄本色;

世岂无豪杰者流,然误入迷途,神怆末路,不外无忠肝,无义胆,朝三暮四,遂成世界罪人。

致忠学校学生

尊重劳动家,欲世界人群各尽其力;

滑灭阶级制,愿乡邦志士共竟斯功。

旅鄂广东敦仁堂学校同人

夫复奚言,大勋未集身先死;

其何能已,主义常存民不忘。

湖北私立鄂北中学校全体教职员

国而忘家,公而忘私,四十年惨淡经营,半壁东南存法统;

尊其所闻,行其所知,二三子追寻探讨,一腔心血见遗书。

湖北私立鄂北中学校二年级全体学生

苟约未除,国本未固,当兹内患外忧,胡不憗遗一老;

方略尚存,遗书尚在,此后存亡继绝,岂可委责他人。

旅鄂香山四大两都同人

倡共和,争平等,千百次险阻艰难,试问举世群伦谁怨谁慕;

铲专制,抗强权,十四年纵横捭阖,且看毕生精力为国为民。

义昌机器厂木样部同人

赤手拯斯民,所志未成,方闻环宇啼残,满地春花悲夕照;

三民留万古,鞠躬尽瘁,惊悉大星陨处,漫天风雨哭先生。

至诚同人

死不可死之人,天胡此醉;

能所难能之事,国赖以存。

湖 南

澄中高级学校

五千年大梦模糊,觉路谁先,一杵晨钟醒帝梦;

四十载余生况瘁,斯人夭丧,九洲泪雨涨春潮。

县立女校

浩气塞苍冥,为主义而来,殉主义而去;
大名垂宇宙,罪我者不减,誉我者不增。

七十学区彭氏文治学校

与民造福,为国宣劳,掬诚向国民,想先生讨伐宣传,专事
国民革命;
晶石作棺,絮金遗葬,秉性若金石,愿后起激昂兴奋,毋忘
金石遗言。

浏阳修志局

太平洋健者推公,尽瘁卅年,铁血染成民国帜;
紫金山遗言葬骨,俯视六代,江声打破帝王潮。

张坊团局

痛革五千年淫威,提倡四百兆自由,惨淡经营是我公只手;
打倒大帝国主义,解除不平等条约,精神奋斗在多士一心。

北屏西屏兴仁三团农民

国基未固,国父先亡,嗟我农民曷胜怛悼;
民气尚存,民心不死,念兹中国岂遂沉沦。

知事公署税契室

溺由己溺饥由己饥,禹稷之心相与千古;
天视民视天听民听,汤武以后仅有先生。

湖南省宁乡云山学校

合破坏建设之大任于一身,中道崩殂,创业未半;
其学说主义非尽人所能喻,名满天下,谤亦随之。

─────────── 四 川 ───────────

四川旅京国民党追悼会

主义遍巴蜀之间,伟矣三民,信如日月经天江河行地;
勋业继唐虞以后,大哉一老,允合丹青画像金石纪功。

四川旅京国民党同人

主义遍巴蜀之间,伟矣! 三民信如日月经天,江河行地;
勋华继唐虞以后,大哉! 一老允合丹青画像,金石纪功。

四川省议会

以民胞物与为怀,群称国父;
创行易知艰之说,学任人师。

众议院议员重庆总工会会长张知竟暨全体职员

为吾族平等博爱自由之神,扫荡五千年帝制淫威,建立共和公真健者;

与当世强权恶魔奋斗而死,唤起四亿众国民革命,改造社会谁嗣先生。

---------- 万 县 ----------

万县第一高小职教员

知先生者以革命,罪先生者以革命,革命未分成败,先生不屑计也;

造民国人谋自由,扰民国人谋自由,自由原有公私,民国夫何言哉。

川东民生女子职业学校

闻一生英名,欧亦惊,亚亦惊,正好改造功成,那堪中流失砥柱;

读三民主义,男有责,女有责,方期储才接厉,不图彼苍夺干城。

万县女子级中校全班

救时展奇才,为同胞奔走归来,革命告成称巨子;

建国著方略,读先生临终遗嘱,谋猷继起伏何人。

万县第一初级小学

> 为革命史中第一英雄,死且不朽;
> 是共和时代非常人物,生有自来。

万县第一女校初级二班

> 我辈属女流,自惭弱质织织,不曾冒美雨欧风,做出惊天事业;
> 先生真国士,因思丹心耿耿,安得合三民五族,廓清大地河山。

万县第二女校初级二、三班

> 先生负雄奇磊落之才,可怜瀛海东归,舌敝唇焦为祖国;
> 我辈当颠扑流离之际,太息大星西坠,山颓木坏痛斯人。

浙 江

国民党萧山第二区党部

> 学说倡知难行易,主义揭三民五权,吾弱族解放未遂,何期先生遽西去;
> 国本正创巨痛深,时局当一发千钧,我同胞匡救有心,应奉遗言做南针。

国民党萧山第三区一分部

国贼未除,国权未张,叹先生何以竟死;
遗容在目,遗言在耳,愿同志永矢勿忘。

苧罗乡私立道化小学校

非尧舜薄汤武,具大公无我心,天与人归,从兹五族同风,
击壤不闻歌帝力;
自羊城入燕京,竟出师伐贼志,功成身退,留此三民主义,
盖棺尤足感舆情。

东乡第七初级小学

无先生何有今日,
在吾辈可望将来。

紫霞乡养正小学

不怕死,不爱钱,造成五族共和,其功诚难泯也;
有血性,有毅力,贯彻三民主义,此身恨未见之。

乍浦镇县立第二小学校全体

成功成功,尚未成功,革除大军阀专制淫威,发扬此艰难

缔造之创局,是在后死;

努力努力,仍须努力,联合全世界压迫民族,奋斗至脱离束缚而自由,以对先生。

萧山沈村乡区教育会

为民请命,独具热诚,百折总难挠,改造平权凭只手;
得公遗言,尚须努力,一篑犹未足,补完公志在同胞。

浦江教育局

生荣死哀,先生千古;
民胞物与,中国一人。

温州各界追悼孙中山先生大会

精神不死,主义常存;
建此新国,跻我大同。

永嘉教育会

窃国者侯,青史几人非盗贼;
为民而死,缟哀举世独先生。

萧山国民党

学通中外,才冠古今,复汉建共和,伟烈丰功垂百世;

名著春秋，品昭日月，排满除专制，馨香俎豆祝千秋。

鄞东渔源区大堰头邻湖学校

九万里版图，从此归还汉族，是人奕奕犹如生；
廿一条苛刻，未获取消东邻，其心耿耿终不死。

—————————— 福 建 ——————————

各界联合会全体

一身系全国安危，望重天南，问竖子胡为，讵忍看苍狗白
云，纵横海陆；
举世为我公痛哭，魂驰幽北，叹英雄已矣，只剩得黄花碧
血，辉映河山。

建属学生联合会

为国事而瘁身，岂治家人产业；
联学生以追悼，共仰民党英雄。

地方自治筹备分处讲演分所

忆中山生长香山，山川毓秀，山河增色，与山岳千古并重；
翻帝国缔造民国，国步方艰，国手已摧，悲国家几时太平。

446

福建永春崇德女学校全体

开创新共和,生亦千古,死亦千古;

媲美华盛顿,东方一人,西方一人。

·

润中公学全体

不降志,不辱身,垂四十年义无反顾;

为民族,为国体,历千百折死贤于生。

诏安教育局

万方正多难,谁贯彻和平真意,奋斗精神,独先生不挠不屈;

卌载任奔驰,只剩得三民主义,五权宪法,愿后死有作有为。

建瓯电报局全体

溯共和缔造之功,为先生首屈一指;

贻革命未了之事,问吾辈谁任仔肩。

祥泰俱乐部同人

死得其所,生得其时,九原可以无遗憾;

天为之昏,地为之暗,百姓于今难节哀。

建属基督教济世医院

专制推翻,遗恨在四方多难;
盖棺论定,伤心吊一代完人。

广　西

贵县学生联合会总会

四方奔走,半世经营,共和幸获告成,我公竟撒手去矣;
三民主义,五权宪法,目的犹未尽达,吾党其努力勉旃。

贵县中学校

牺牲四十载光阴,率民众以革命,赞助者几人,徒闻讥之
为理想,诬之为赤化,先生今已矣,可恨国事蜩螗顽蚩未格;
黯淡八千里风云,望幽燕而雪涕,成功在何日,请看磨牙
者遍地,吮血者盈庭,同志盍兴乎,毋教民权剥落正义消沉。

贵县中学校校友会

作革命事业,为民众导师,牺牲四十载光阴,毅力热诚,古今罕匹;
抱博爱襟怀,谋共和实现,呕尽大半生心血,精神主义,宇宙长留。

贵县县立女子高小学校

崇拜英雄,汗简新编革命史;
尊重教育,买丝同绣共和神。

贵县教育局

革命功高,公已大名扬四海;
盖棺论定,谁将直笔著千秋。

――――――――――― 贵 州 ―――――――――――

中国国民党旅京贵州党员

绍西方两大陆共和政治之规,竟以民国定诸夏;
继中史五千年帝王本纪之后,尊为总统占前茅。

旅京贵州国民党员

生者黄陂、东海,死者项城、河间,扰攘十四年,苦我遗黎,
伊谁为民国而生,为民国而死;

北及辽沈、幽燕,南及滇黔、川粤,纵横九万里,闻公撒手,
痛苦遍大江以北,遍大江以南。

台湾同胞挽孙中山联

三百万台湾刚醒同胞,微先生何人领导;
四十年祖国未竟事业,舍我辈其谁分担。

国 外

———— 南洋群岛 ————

　　按:南洋群岛,即马来群岛。群岛上的国家有印度尼西亚、菲律宾、
文莱、马来西亚、东帝汶等。

南洋职工会

　　东亚殆始有此完人,常力倡民族民生民权,又屡从奇艰绝
苦中起炉灶;
　　吾辈欲无惭于后死,须趁早自觉自强自救,莫专在旁枝细
叶上作工夫。

按:爪哇,指爪哇岛,今属印度尼西亚。

(一)团体

协义会总理董事

三民主义,五权宪法,建设具良谟,千载英雄唯国父;
军阀猖狂,帝孽盘踞,剪除谁属任,万方涕泪哭先生。

协义会学校学生

数十年为国牺牲,东奔西驰,此日噩耗传来,凄迷风雨凝血泪;
卅余载为民奋斗,南征北伐,一旦灵光遽陨,顿教后起失长城。

竞彰公司

除帝孽,去军阀,扫尽莽莽神州专制之雾,为吾侪责任;
立三民,行五权,开遍茫茫禹甸自由之花,慰先生英灵。

竞彰栈

行革命事业,立学说大纲,定建国方略,前后古人,后无来者;
表共和真谛,扬民治精神,反帝国主义,生为先觉,死为英灵。

(二)个人

黄掌权

为推翻四千余年专制政体起见,殚心竭力勇往前进,邈矣先生,遗范永堪我辈式;

谋解放亿兆群众民族束缚之故,鞠躬尽瘁死而后已,伟哉国父,精神长留史册芳。

黄准权

北望神州,漠漠愁云悲国父;

南瞻爪岛,凄凄苦雨哭导师。

黄元标

伟哉!孙公!天缩多能,是大革命家,大哲学家,大演说家,功业震古今,惟华盛顿共享英名;

呜呼!国父!风凄惨淡,可为平民惜,为神州惜,为世界惜,哀声遍中外,与俄列宁同芳史册。

何军民

先生归乎,举世平民齐洒泪;

后死勉之,继完伟业慰英灵。

葛兆廷

三民主义五权宪法,大功纵未告成,勋名流芳百世;
唐虞德行苏俄政纲,哲人虽已长逝,伟业永垂千秋。

蓝德厥

为民族革命,为政治革命,为社会革命,革命未成如何瞑目;
谋自由幸福,谋平等幸福,谋博爱幸福,幸福未臻那不伤心。

林炳

国民失导师,景仰前贤流热泪;
同胞须努力,完成主义救苍生。

黄金水

为民族革命以成功,中山不朽钟山不朽;
谋社会平等之政治,军阀未灭财阀未灭。

陈立基

毕生心血,大半消磨革命事业以去;
盖世英名,完全注力平民主义而来。

井里汶等

我辈当尊孙先生,殚精为国,竭虑为民;
同胞皆悼大元帅,虽死之日,犹生之年。

荷属爪哇　井里汶、郭寒阙

侯猷郎

革命未竟全功,数月带病北行,胡乃药石无灵,亡我国父;
中邦仍多隐患,一旦骑鲸西去,从此人天两恨,丧斯元勋。

温统堂等

去专制行共和,赫赫勋名垂万古;
护民权立宪法,巍巍事业颂千秋。

温统堂、温志尧

万　隆

按:万隆,今属印度尼西亚。

(一)团体

万隆中华学校全体教职员

追华盛顿,踵玛志尼,事业足相车,伟力独擎民主国;

是大伟人,乃救世者,忠魂应不灭,英灵长护汉家山。

万隆中华学校全体学生

家国损栋梁,顿教后起诸生,枨触山颓增感慨;
英名腾海峤,共说元勋伟绩,留将碑记托怀思。

万隆中华总商会

五千年青史,此事谁能任他毁誉从来,直到盖棺,魑魅仇
雠齐痛哭;
四百兆苍生,而今安赖太惜英灵不返,定难瞑目,东西南
北尚烽烟。

平民公学

国步正艰难,方期国父慈航,拯救苍生出烈火;
风潮犹澎湃,那许元勋仙逝,谁将砥柱挽狂澜。

平民公学学生全体

后起问何人,想当年驱虏灭胡,万古功名夸独步;
续行惟我辈,思此日继志述事,三民主义作先锋。

民仪书报社

国父云亡,南侨痛哭;

巨星陨落,东亚无光。

南洋职工会

东亚殆始有此完人,常力倡民族民生民权,又屡从奇艰绝苦中起炉灶;

吾辈欲无惭于后死,须趁早自觉自强自救,莫专在旁枝细叶上作工夫。

(二)个人

杨纯美

想当年我公革除帝制,叱咤喑哑,风云因而变色;

睹此日吾曹追悼元勋,潸然流涕,日月为之无光。

———————— 华 玲 ————————

按:华玲,今属马来西亚吉打省的一个县。

(一)团体

华玲党分部

在青天白日陡起风霾之时,得我公霹雳一声,惊破了数千年帝王专制酣梦；

值外侮内讧长演纷争之候,愿同志继续不断,努力为四百兆民众事业宣劳。

华玲阅书报社

天下为公,平生事业在无我；
国家多难,此后澄清看有谁。

育智学校

饱尝四十年革命生涯,蹈火赴汤,到头来赢得薄海同侨,大家一哭；

试看五百兆神明裔胄,齐心合力,愿此后遵照我公遗嘱,贯彻三民。

黎同生致祥号

读临死遗言,知我公奋斗精神,到底不懈；
叹大难未已,望后起继续工作,努力向前。

(二)个人

陈景等

论奋斗精神,吾辈应愧后死；
读建国方略,举世咸知先生。

陈景、陈尊民

郑展云

维持政策,体察民情,经济有奇才,如此英名谁与伍;
噩耗传来,我公归去,国家正多难,从今大局孰能支。

黎宗烈

知难行易,破前哲千载学说之非,讵当年知未尽行,太惜身便死矣;

白日青天,是我公一生事功所寄,看此际来青去白,宜乎人无间然。

北加郎岸

按:北加郎岸,今属印度尼西亚中爪哇省。

(一)团体

北加郎岸中华会馆

罗浮云燕京月,霎时间月暗云罩,愁看紫金归侠骨;
欧西雨美洲风,数十载风餐雨沐,凄怆寰宇哭英魂。

天声日报同人

富贵何心,荣辱何心,恩怨何心,只本此救国孤衷,遣出广大慈航,怒焉济斯民于苦海;

种族革命,政治革命,经济革命,问谁能继公素志,使我神明华胄,屹然树伟绩于亚东。

(二)个人

谢作民

尽毕生奋斗精神,求实施三民五权,目的依归,无非是为民众谋自由,为国家争地位;

洒一眶汪洋热泪,痛此后千灰万劫,纷纭所至,将何以外抗强邦压迫,内除军阀专横。

吴审机

自身创主义,自身能实行,毅力精神,超于马克思列宁之上;

为国而积劳,为国以致死,丰功业绩,比诸华盛顿林肯尤高。

钟莠珊

费一生心力,救四亿同胞,争义务不争权利;

创三民主义,制五权宪法,死躯壳未死精神。

周中秋

造四百兆同胞幸福,身家不顾,名利不图,伟业惊人,传世何惭华盛顿;

除五千年专制淫威,劳苦弗辞,死亡弗计,大公无我,论心岂比拿破仑。

伍万能

平民何不幸也,方铲除专制,肇造共和,国贼未歼,遽丧元勋于北阙;

领袖洵称健者,正宣传主义,制成宪法,巨星忽殒,顿教黎庶哭南天。

郑若钊

平民谁救,弱种谁扶,盖世英雄安可死;

元凶未除,余孽未殄,满城风雨不胜愁。

谢海霖等

扫军阀之淫威,扫官僚之颓俗,不要钱,不营私,四海闻风顽廉懦立;

为人群谋平等,为国家谋富强,不畏险,不苟安,一生伟绩山高水长。

谢海霖、林文眼

汤炳炎等

革专制而建共和,缔造艰辛尊称国父;
抑军阀而扬民治,缅怀遗嘱泪洒英雄。

汤炳炎、蔡士伯

杨庆祥

伟人不寿,天道宁论,我公长已矣;
风雨如晦,鸡鸣不已,吾党其念之。

池任男

痛满清失政,惧国土分崩,提倡革命,想当年奔走呼号,百折不挠,如此江山还汉族;

抱主义北上,争平民利益,解决纠纷,数阅月积劳成疾,悉然长逝,奈何天地负英雄。

陈骏衡

我公霹雳一声,黄魂唤醒四万里锦绣山河,风景依然归故主;
民党彪彰正义,黑幕打穿五千年专制政体,愁云不复罩神州。

按：邦加岛，今属印度尼西亚苏门答腊省。

丘文严

我辈何伤乎，今日南岛华侨全体悼亡悲国父；
先生归去也，从此珠江粤海永留铜像纪中山。

凌丁来

原为中国伟人，千古不磨真主义；
此日南洲侨众，万人空巷哭元勋。

槟港 凌丁来

丘一粟

八千里重到燕京，直欲贯彻国民会议精神，不惮辛劳，希望河山统一；
十余年改造粤省，提倡打倒军阀专横主义，未酬夙志，何期中道崩殂。

旅邦加岛 丘一粟

黄明琅

四十年改造艰难，为国宣劳，勋业堪齐华盛顿；
八千里惊传噩耗，我心悲悼，哀声远播莫斯科。

462

按：此处指南洋一带的岛屿。

(一)团体

生瓦兢新俱乐部

二百年异族专制，赖先生伟略宏谋，光复汉室，方期食德报恩，釀金铸像，殊知噩耗传来，英灵骑鲸归蓬岛；

十七次革命成功，正我辈励精图治，振扬国威，讵竟昊苍不吊，忍夺斯人，尤恨魂返无术，侨众挥泪哭南天。

高砥中华阅报社梅江别墅

想当年舍身救国，肇造共和，千古英名垂不朽；

到今日举世悼公，追思遗训，三民主义总难忘。

麻厘吧坂中华会馆学校

天道洵难知，遽夺元勋，薄海悲号哭国父；

全功犹未竟，应留遗恨，中原裁定属何人。

憩闲别墅同人

一力挽狂澜，倚公俨若擎天柱；

众生沦苦海,导民谁是指南针。

耕裕行同人

寄迹南洋,怆怀国事,民治与侨务革新,方冀哲人长领导;
驰神北阙,恸念元勋,遗言同典型不朽,益教同志永追思。

(二)个人

郭鸣钦

神州莽莽大陆将沉,出水火起沦亡,端赖先生毅力;
列国眈眈黄魂犹梦,收法权废苛约,唯在我党决心。

倪祖培

国乱方殷,欲哭无泪;
功成不世,虽死犹生。

苏咏涛

燕北殉身,山河变色;
侨南洒泪,草木同悲。

陈拜雄

内讧未已,外患方殷,当此一发千钧,先生何忍长眠弗顾;

前誓毋忘,后功待续,本斯三民要旨,同志亟须奋起直追。

李云卿

一身系天下安危,何堪大局飘摇,遽悲撒手;

举世为苍生痛哭,尚冀同人奋勉,竟厥初心。

嘉应帮帮长李云卿

罗允谦

热血洗乾坤,公自大名垂宇宙;

擎天摧砥柱,我无余泪哭苍生。

广东帮帮长罗允谦

黄宝荣

毁誉何足重轻,有非常人,乃能议非常人者;

盖棺衡此定论,观哀悼众,则知得哀悼众心。

华侨黄宝荣

叶启明

伟业造邦家,四十载中外奔驰,先忧后乐;

高文留信史,数千年革新学说,行易知难。

华侨叶启明

刘汉杰

至大至刚,竭丹心赤胆,以拯国家之弊;
不忧不惧,舍万死一生,而任天下之劳。

杨世祺

知难而不退,为武侯鞠躬尽瘁;
耐苦而求成,类越王尝胆卧薪。

李璧等

时势正艰难,方期砥柱中流,造就国家真幸福;
人民深爱戴,讵料捐躯燕北,突来风雨倍凄怆。

李璧、李宝瑶

马秋帆

革命四十年功德兼修,公真伟矣;
共和十四载风云幻变,天实为之。

翁清裪

造时势之雄,公万不愧;
为国民而死,人尽生悲。

谭俊乡

戎露忽沉云黯淡，
将星高落月凄凉。

黎学初

任他弹雨枪林，拼自支持，斯是乾坤留正气；
此后荆天棘地，凭谁披斩，堪为世道吊英魂。

邓烟昌

国本尚飘摇，恨彼苍已聩且聋，遽尔夺予国父；
民生正凋敝，愿吾党同心协力，相期张我民权。

林文藻

名满天下，谤满天下，涕泪满天下；
生为人民，死为人民，始终为人民。

南洋巨港　林文藻

按：安南，越南古称。

(一)团体

民党驻安南西提美寺七等支部

千秋共诵建国方略，
四海同哭革命导师。

中国国民党驻安南金瓯支部橡梾市
第二分部第四区分部同人

中国仅此完人，嗟乎！天竟夺之，邦其焉托；
列强肆行侵略，惨哉！国祚若此，民何以堪。

安南中国国民党同人

千秋共诵建国方略，
四海痛苦革命导师。

(二)个人

安南中华总工会林宗汉等

亘古一人,天胡不慭;
万方多难,魂兮归来。

---------- 韩 国 ----------

大韩国革命党

中国地灵,诞生革命英雄福援世;
仙翁心悲,击毙帝国主义作先锋。

---------- 日本东京 ----------

(一)团体

中国国民党东京支部执行委员会

爱之欲其生,恶之欲其死,爱恶何关怀,但期主义实行,不问生死;
成则尽人是,败则尽人非,成败奚足较,直到盖棺定论,自有是非。

469

中华留日学生废除不平等条约同盟会

积一生革命精神,艰难备极,那不令世界被压迫民族,同声齐哭;
仅百字临终遗嘱,热烈异常,还期许国际不平等条约,努力废除。

旅日华侨会

革命先生万古,
中华民国一人。

中华留日学生会

国待建而方略未施,万众悲音空存遗册;
公虽死而精神不灭,百世以往犹绕尘寰。

中华留日直隶学生同乡会

造物何无情,长城顿失,忆只身革命,万众前驱,允矣!哲
人家国为之一恸;

大志犹未竟,后起是谁,创三民论治,五权诠法,大哉!主
义先生自有千秋。

中华留日黑龙江学生同乡会

大名垂宇宙,勋业炳日星,存殁讴歌,先生可谓不死;
主义建国家,良知觉后进,斯人天丧,吾辈其谁与归。

中华留日广东四邑同乡会

倾覆清社,复兴中原,显赫功勋,百粤斗山谁后继;
甫入都门,顿归天国,凄怆血泪,万方风雨哭先生。

中华留日绥远学生同乡会

坚忍卓绝,精神千秋不灭;
坦白诚挚,人格万世可风。

中华留日广东公费生同人

才为世出,世亦需才,可怜二竖无情,伟略未抒身遽殒;
知难行易,行可辅知,只此八言永在,英灵堪与日争光。

中华留日东高师校友会

数十年血雨腥风,不辞艰苦,才推翻专制,创造共和,奋斗
半世纪,叹军阀犹存,恨到仙府难瞑目;
四百州馨香俎豆,怎慰英灵,唯拥护三民,更新五权,纵横
九万里,倘革命可成,魂归天上始安心。

中华留日明大校友会

尧舜行而未能言,孔孟言而未能行,先生又言又行,虽死未死;
民族弱矣不得强,国本强矣不得弱,世界有强有弱,应平不平。

中华留日湖南东高师同人

屈指数完人,忧国忧民谁与并;
伤心逢乱世,劳神劳力亦徒然。

中华留日千叶医专同窗会

革心革命,弥留几行语,剧怜赉志以终,使五权三民空成理想;
医国医人,奔走数十年,遗恨全功未竟,合中原海外共哭元勋。

大东通信社东京总社同人

四十年奋斗不渝,先生之爱国精神,当与三民五权永垂勿朽;
八千里噩耗惊传,吾侪之革命事业,誓如青天白日光耀长流。

(二)个人

坂西利八郎

当代推革新家,牺牲福利拥护民权,誓扫搀抢成净土;
先生为医国手,展翼西南归功直北,长留仪范在人间。

坂西利八郎(1870—1950),日本人。陆军士官学校毕业。曾任袁世凯、北洋军阀政府军事顾问。

何江

奋斗到死,昔日排满,近年护法,不成功不懈此志;

坚忍无匹,伦敦被难,广州蒙尘,愈失败愈见精神。

陈季博

为主义为共和为国民革命,奋斗四十年,志弗少衰,如先生具此精神,震古烁今,真足与日月争光,并与东亚山河永垂不朽;

求自由求平等求世界大同,唤起亿万众,责在后死,愿我辈齐其心力,开来继往,务必使邦家克定,且使列强金铁消灭无形。

费哲民

弹毕生心思才能改造邦基,大业犹未成,终赢得名满天下谤满天下;

为举世弱小民族力申公愤,英雄曾有几,怕莫是俄国一人中国一人。

王树声

为国际地位平等,政治地位平等,经济地位平等,毕生精神尽瘁于此;

向帝国主义进攻,军阀主义进攻,资本主义进攻,一世奋斗至死不渝。

熊道玫

为国万死弗辞,勋业丰功冠绝一世;
革命百折不回,热诚毅力独有千秋。

林文庆

遗言犹在耳,记当年划策南洋,只为解悬苏后起;
蒿曲已伤心,偏此日观光东岛,不堪挥泪哭先生。

厦门大学校长　林文庆

周曙山

噩耗传来,海天顿暗,我辈最伤心,痛望祖国谁改造;
英风不泯,主义犹存,同胞须努力,誓行遗训莫空悲。

周济洋

创三民主义,创五权宪法,功在民国,泽被后世,先生何尝死;
为九州慈航,为四海导师,识惊龙蛇,曜潜日星,吾党谁与归。

马西芩等

主义深入人心,先生可谓不死;
遗言昭然在耳,吾侪永矢弗谖。

马西芩、薛禾萱、朱子帆

王思恭等

富贵不能淫,贫贱不能移,威武不能屈,唯先生足以当之;
好学近乎知,力行近乎仁,知耻近乎勇,愿国民各自勉焉。

王思恭、郭维翰、董炽昌、郭利原

刘重炬等

先生去矣,问三民主张,五权宪法,真理奥义,谁任继承阐发;
同胞悲乎,听一片噩耗,普天同哀,吞声忍痛,如何纪念宣传。

刘重炬、张青鉴

神 户

(一)团体

神户华侨追悼会全体

为公义关间万里,旋仆旋起不减加里波的豪怀,日月庆重光,每念厅登独立钟,撞自由受赐敢忘国父;

扶三权鼎立千秋,其慎其难常护孟德斯鸠民约,京华商大计,何堪笛听断肠碑,看坠泪哀思更遍天涯。

神户中华总商会

革命尚未成功,
同志仍须努力。

神户华强学校

以国事走南北东西,憔悴滞京华,为谁辛苦;
有正气贯日星河岳,英雄造时势,亘古常昭。

神户华侨商业研究会神户中国阅书社同人

扫除专制缔造共和,筚簬仰功高,先生虽死自由不死;
诛锄淫威拥护约法,主张未贯彻,国民尽哀世界亦哀。

(二)个人

龚藲

匹夫负天下兴亡,由革命以臻共和,为国为民,终始唯期一贯;
英雄造当今时势,无牺牲莫供建树,谁毁谁誉,论评自有千秋。

驻神户领事馆主事　龚藲

柯鸿烈

俄国革命唯列宁,美国革命唯华盛顿,我公堪齐驱并辔而

行,中华自有奇男子;

　　儒家救民如孔子,释家救民如弁尼尊,斯人系霖雨苍生之望,历史应推伟丈夫。

驻神户领事　柯鸿烈

郑瑞图

　　居天下广居,立天下正位,行天下大道,真可称先觉者;
　　富贵不能淫,贫贱不能移,威武不能屈,是之谓自由神。

神户中华总商会会长　郑瑞图暨同人

何子铨

　　推倒一世豪杰,开拓万古心胸,成功不居,光争日月;
　　暗呜山岳颓崩,叱咤风云变色,赍志以没,泪洒英雄。

神户华强学校校长　何子铨

鲍奕筠

　　高哉! 三民主义五权宪章纵未实行,亦已勋名盖宇宙;
　　伟矣! 钟山龙蟠石头虎踞安然高枕,永留英范在人间。

乐祖华

　　立身为主义,谁是谁非,百折不挠舒素志;
　　爱国出真诚,无私无我,千秋而下有公评。

杨其焕

只身任天下安危,记曾剑析矛炊,谁识万箭心攒一腔血热;
敝屣视人间富贵,唯抱忠肝毅魄,迅使五权法立三民义张。

陈清机

替民族谋幸福,始至终不屈不挠,先生已矣;
为国家策安宁,今而后再接再厉,吾侨勉之。

陈秉心等

阅四十载革命元勋,谋平等求自由,历美游欧,行踪殆遍,
虽则非难众起,心愈坚贞,当年颠沛流离,生死不渝其志;
受第一任临时总统,建共和翻专制,成功解职,素愿已偿,
讵图政变迭兴,事多反复,今日英雄俎谢,毁誉悉听诸人。

陈秉心、陈日安、郑紫垣、鲍荫南

郑寿民等

言为天下用,行为天下则,以一身系天下安危,视死如生,
问斯世能有几;
总国民党纲,倡国民会议,历册载图国民幸福,从今而后,
继先生者云谁。

小学生　郑寿民、郑寿荪

鲍连就等

八举战旗,四入羊城,武足述矣;
三民主义,五权宪法,文在兹乎。

鲍连就、郭耀棠

───────── 大 阪 ─────────

(一)团体

大阪中华书报社

戡时伟抱,开国元勋,在宋卿不作腴词,而今已矣;
剖解未痊,医疗无术,因癌疾本为沈痼,莫能愈之。

(二)个人

柯鸿烈

数千年专制推翻,艰苦备尝,群称报国无双士;
四百州风云卷起,共和创定,独做新民第一人。

驻神户大阪领事 柯鸿烈

479

张益三

立志在平等,四百兆同胞有口百碑,咸称为伟大人物;
只手创共和,数十年罔懈以身许国,终贻留不朽勋名。

中华总商会会长 张益三

---------------- 美 国 ----------------

北美岭南大学同学会

鞠躬尽瘁,死而后已,南方之强也;
昊天不吊,乱靡有定,吾党其归欤。

留美北京大学同学会

粤江波黯,塞外光寒,痛当代赫赫元勋,只手擎天终赍志;
国事鸠屏,强邻虎视,叹此后沉沉浩劫,缨冠披发竟何人。

清华同学会留美支部

三民主义,五权宪法,尤推睿智鸿猷,谠论究天人,行见九
畴洪范,永垂千古;
苍生涂炭,赤县称兵,何期排难解纷,精诚昭日月,忽报白
门陵草,深锁黄泉。

哥伦比亚大学中国留学生

义光华夏,名震环瀛,铁血造共和,数万里噩耗飞来,胡天不憖;
国失长城,人怀伟烈,邦家伤殄瘁,四百兆同胞何罪,丧我元良。

旅美中华交通协会

念万里铁路,本公规划;
五千年文明,唯我运输。

旅美中华工程师会

维持约法,力争外交,救国真诠,唯我公独标正义;
注重兵工,提倡铁道,利民大计,待吾辈共竟全功。

旅美中国学生政治学会

倡三民主义,五族共和,只凭却一片丹心,两只赤手;
望满地烽烟,四郊多垒,更谁作中流砥柱,万里长城。

旅美江滨聚餐会

挺身成革命,又复羊城护法,燕国谋和,志薄乾坤,大庾岭
头看正气;
负笈等投荒,更堪渤海云凄,神州星陨,驰心乡土,赫贞江
上哭英灵。

旅美大江会

立德立功立言,先生乘风归去;
民生民权民族,我辈卷土重来。

旅美中华航空学生会

公怀济世奇才,胡遽抱病长眠,撒手人寰还天国;
我操凌空小技,只愿乘机直上,尽歼民贼慰英灵。

---------- 英 国 ----------

(一)团体

伦敦国民党交通部

吾党精神不死,国魂不灭;
先生主义长在,正气长存。

伦敦国民党交通部互助工团同人

卅年奋斗,拯得赤子出水火,惨淡经营,辟开条国民大前程;
亿载伟业,引导人类入光明,陡尔撒手,弱了个世界好先觉。

旅英华侨协会

奔走卅年,首创共和、次护法,冀揭五权三义,抗衡强邻,

论缔造之功,民国以来,公居第一;

　　凭眺万里,眷怀故旧,念乡邦,唯求统一和平,保安疆土,惜元勋俛逝,海天在望,私痛无穷。

驻英使馆同人

　　日月光华,勋猷丕显;
　　邦国殄瘁,遐迩同悲。

驻伦敦总领事馆同人

　　四十年尽瘁鞠躬,赫赫大名光北斗;
　　三万里临风陨涕,茫茫沧海失南针。

伦敦忠义堂

　　光复神州声蜚大地,三十年伟业告成,盖世勋名当不朽;
　　搓乘瀛海星陨燕京,二万里哀音传至,异邦人士亦同悲。

伦敦互助公团

　　仇复九世,巤揭三民,原只为四百兆同胞力谋幸福;
　　哀动八方,旗辉五色,固非徒二十一行省追悼元勋。

苏格兰中国学生会

　　争自由,倡革命,频年奔波为国辛苦;

谋统一,申民权,半生忧患克己勤劳。

(二)个人

朱兆莘

异乡逋客,突作楚囚,含泪走新亭,克复神州雪前耻;
开国元勋,遽捐燕馆,缄词效坡老,遥胆乔岳寓哀思。

苏锐钊

天不遗一老,
公独有千秋。

黄联镳

内除专制,外抗强权,我公胸有韬略,廿余年奔走经营,立功立言名不朽;
上尽城狐,下多社鼠,吾辈手无柯斧,数万里飘零感愤,忧时忧世恨无穷。

郑毓秀

公乃革命元勋,尽瘁邦家,遽尔尘扬东海;
我亦先锋健卒,自惭巾帼,永期丝绣平原。

刘兆铭

追随几十年,深知缔造艰难,微先生歃血主盟,谁与击楫;
拜别才两载,每忆袍泽甘苦,惟后死卧薪继志,誓在枕戈。

  中山先生于三月十二日逝世京邸,自念追随左右垂十余年,音容馨欬时在心目。闻兹噩耗,怆痛如何,述此挽之。

吴六瞬等

联西南数行省护法辛勤,重整河山成伟业;
合欧美诸友邦同声哀悼,长倾热泪哭先生。

卞洽四邑会馆　吴六瞬、伍灼、梁耀璋、陈以相

张鸿渐

我公饥溺为怀,实能扶危定倾安民国;
吾辈兴亡有责,当以继志续事报先生。

吕式筠

辛亥兴义师,把帝制推翻,只凭却一片丹心两只赤手;
乙丑议善后,正邦家多难,更谁作中流砥柱万里长城。

沈汝潜

生时就职南京,殁后葬身吴会,孝陵在望,地下遇高皇,慷慨谈心有良伴;

昔年被拘行辕,此日设祭使馆。节署依然,会中逢堪利,凄凉感旧说先生。

于民国纪元前六年为清驻英大臣所逮, 幽系累日堪利爵士为之营救始获免。今即以幽公之处作吊公之场,而堪利复身与其会。抚今追昔,感慨万端,作此挽之。

辛树帜

愿他年偃武功成,看中国混一车书,不分南北;

叹此日盖棺论定,唯先生名驰遐迩,无问东西。

王俊

除专制以申民权,建共和以奠国本,大功犹未竟,何乃天道无知不遗一老;

居异乡而叹身世,怀中土而忧乱离,客感已靡穷,那堪海陬望祭痛哭先生。

黄建中

何图此日哀荣地,
便是当年诱逮场。

冯老三

鼓吹革命,我党十居其九;
肇造共和,公是首屈一人。

周传祺

天陨奇才,忍作苍生同洒泪;
国方多难,岂无后起济宏艰。

———————— 苏联 ————————

留苏马克思大学学生喻森

军阀尚纵横,自当纠合同人,肃清妖孽;
民心犹未死,总期完成革命,以慰先生。

旅苏华侨匹头商代表潘子儒

死固堪伤,死得其所亦复何恨;
生虽云幸,生而误国实足遗羞。

旅苏华医代表金廷好

祖国丧元良,胡天月冷,朔漠风寒悲乎痛矣,亿万侨黎同声哭;
举世推先觉,华夏重兴,列强瞩目懿欤休哉,三五主义永昭垂。

旅苏金矿华工代表单彬

外抗列强,内仇军阀,且将热血洒向民间,鼓励同仁,唤醒
群众,应时势之要求,创造近世文明史;

两除帝制,再造共和,尤以主义昭兹来许,起立柔懦,仰戢
凶顽,开人心之觉路,卓绝亘古大英雄。

参考文献

一、原始报刊

上海《民国日报》,1925年3月、4月。

上海《申报》,1925年3月。

北京《晨报》,1925年3月。

天津《大公报》,1925年3月。

天津《益世报》,1925年4月。

二、孙中山著作

吴拯寰编校:《孙中山全集续集》第三集,上海三民公司1928年10月版,1929年7月再版。

《孙中山丛书》第四册,上海广益书局1928年4月版,1933年7月再版。

《孙中山全书》第四册,上海广益书局1936年4月版。

三、相关著作

《哀思录》(胡汉民题签)。

中国蔡元培研究会编:《蔡元培全集》第五卷,浙江教育出版社1997年10月版。

周元高、孟彭兴、舒颖云编:《李烈钧集》下册,中华书局1996年6月版。

章导著:《忆辛亥革命前后先父章太炎若干事》,见中国人民政府协商会议上海市委员会文史资料工作委员会编:《辛亥革命七十周年》,上海人民出版社1981年8月版。

刘晴波主编:《杨度集》,湖南人民出版社1986年3月版。

徐友春、吴志明主编:《孙中山奉安大典》,华文出版社1989年5月版。

《吴虞日记》下册，四川人民出版社1986年8月版。

《柳亚子文集·自传·年谱·日记》，上海人民出版社1986年11月版。

民革中央宣传部编：《李济深诗文选》，文史资料出版社1985年10月版。

《李大钊文集》下册，人民出版社1984年12月版。

李维汉著：《回忆与研究》上册，中共党史出版社1986年4月版。

中国社会科学院近代史研究所编，杜春和、耿来金整理：《白坚武日记》第一册，江苏古籍出版社1992年2月版。

李根源著，李希泌编校：《新编曲石文录》，云南人民出版社1988年1月版。

周德恒选编：《马叙伦政论文选》，文史资料出版社1985年4月版。

王业晋主编：《李仙根日记诗集》，文物出版社2006年10月版。

《吴玉章回忆录》，中国青年出版社1978年11月版。

四、工具书及研究专著

张磊、萧润君、盛永华主编：《孙中山与宋庆龄》（画册），广东人民出版社1997年12月版。

上海孙中山故居宋庆龄故居和陵园管理委员会编：《宋庆龄在上海》（画册），上海人民出版社1992年11月版。

张磊主编：《孙中山辞典》，广东人民出版社1994年9月版。

辞海编辑委员会编：《辞海·历史分册（中国现代史）》，上海辞书出版社1984年12月版。

章开沅主编：《辛亥革命辞典》，武汉出版社1991年8月版。

李盛平主编：《中国近现代人名大辞典》，中国国际广播出版社1989年4月版。

葛培林撰:《和平奋斗救中国——孙中山光先生晚年北上纪实》,中国人民政治治协商会议广东省中山委员会文史委员会 1994 年 9 月 1 日出版。

葛培林撰:《永甾浩气在人间——1925 年海内外悼念孙中山先生活动纪实》,中国人民政治协商会议广东省中山市委员会文史学习委员会 1996 年 11 月出版。

徐友春主编:《民国人物大辞典》增订本,河北人民出版社 2007 年 1 月版。

肖海、孔凡军、何虎生主编:《民国史大辞典》,中国广播电视出版社 1995 年 5 月版。

柳无忌编:《柳亚子年谱》,中国社会科学出版社 1983 年 5 月版。

该书编辑委员会编:《中国近代第一所大学——北洋大学(天津大学)历史档案珍藏图录》,天津大学出版社 2005 年 9 月版。

饶怀民著:《刘揆一与辛亥革命》,岳麓书社 1992 年 3 月版。

《移情阁》,日本孙中山纪念馆昭和 60 年(1985 年)11 月 10 日发行。

民革中央宣传部编:《民革领导人传》第一、二辑,团结出版社 2007 年 12 月版。

张绍祖主编:《近代天津教育图志》,天津古籍出版社 2013 年 12 月版。

民革中央宣传部编:《民革领导人传》第一辑,团结出版社 2007 年 12 月版。

《中共党史人物传》第四卷,陕西人民出版社 1982 年 7 月版。

中国人民政治协商会议江苏省委员会办公厅编:《孙中山与南京临时政府》,南京出版社 2001 年 8 月版。

后 记

　　2017 年 11 月 12 日，是伟大的民主革命先行者孙中山诞辰 151 周年纪念日。笔者编撰本书的宗旨，就是为了进一步挖掘有关孙中山的史料，推动孙中山研究深入发展，从而达到弘扬孙中山爱国、革命和不断进步的精神之目的。

　　挽联是对一个人一生的概括和总结，所谓盖棺定论也。人们可以从这些挽联中初步了解孙中山的生平业绩、了解孙中山为争取中华民族的独立、自由而奋斗终生的革命精神，了解孙中山先生爱国、革命和不断进步的精神。

　　1925 年 3 月 12 日上午 9 时半，孙中山在北京铁狮子胡同行辕逝世。当时孙中山的遗体由铁狮子胡同行辕移至北京协和医院做好防腐手术之后，于 3 月 19 日移灵于北京中央公园（今中山公园）社稷坛大殿，供各界人士瞻仰遗容。当时海内外各界人士举行的各种仪式的追悼活动，是中国历史上空前的隆哀盛况。据笔者粗略统计，从 1925 年 3 月 12 日至 5 月 9 日，有当时的 19 个省和今天的 4 个直辖市，以及上百个市县，还包括当时在殖民主义统治下的香港和台湾地区，海外则有苏联、日本、新加坡、菲律宾、加拿大、墨西哥、英国、法国、越南、韩国的华侨及各界人士举行了追悼孙中山的活动。当时参加追悼活动者，上至达官显贵，下至平民百姓。可以说，包括了党、政、军、农、工、商、学、兵、报人、教师、僧人等各界人士，以及海外的华侨及社会名流。当时据北京孙中山先生治丧处统计，从 1925 年 3 月 19 日至 4 月 2 日，各界人士赴中央公园祭

492

吊者就达 746123 人,团体达 1254 个,收到花圈 7000 余个,挽联 59000 余副,横条幅 500 余件。4 月 6 日,治丧处发出谢吊函就达 23000 余件。由此可以想见,国内的其他地方和海外的追悼大会所收到的挽联、花圈以及参加的人之多,是难以统计的。

本书收录的挽联原本无标点,一贯到底,有碍于今人的阅读和理解。为了解决这个问题,笔者对挽联做了断句和标点。

另外,对联主的介绍,如果是众所周知的人物,如黎元洪、蔡元培、胡适等,不作介绍;对于其他联主则作简要介绍。而更多联主后来都默默无闻,其资料也难寻,亦不作介绍。

本书稿史料来源有四个方面。一是当年的报刊,如 1925 年 4 月的上海《民国日报》、1925 年 3 月的北京《晨报》、1925 年 3 月的天津《大公报》和 1925 年 4 月的天津《益世报》。二是有关孙中山的著作,如民国版的《孙中山全集续集》第三集、《孙中山丛书》第四册、《孙中山全书》第四册。三是相关的著作,如《哀思录》《蔡元培全集》《吴虞日记》《杨度文集》。四是工具书及研究专著,如《孙中山与宋庆龄》《宋庆龄在上海》《孙中山画传》《孙中山辞典》等。

由于距离孙中山逝世年代的越来越远,搜集到挽孙中山联的全部内容,已经是不可能的事情。而本书收录了有关孙中山的挽联,共计两千余幅。这些挽联寄托了当时人们对孙中山去世的哀思,道出了人们对孙中山的崇敬和热爱,反映了孙中山对中华民族立下的丰功伟绩。孙中山是一位改变了中国历史发展命运的人物。民国时期,提起孙中山的大名,可以说是妇孺皆知。现在,他仍然是海峡两岸乃至世界华人共同敬仰的一位伟人。在本书中,大家可以从四个方面了解到孙中山对中国革命的贡献:一是推翻了封建专制王朝,建立了共和国。二是旗帜鲜明地反对袁世凯复辟帝制和张勋复辟,使封建帝制未能再行于中国。三是实行"联俄、联共、扶助农工"的三大政策,实现了第一次国共合作。四是擘画了建设现代工业、交通和农业的蓝图,从而为以后的革命成功奠定了良好的基础。因此,毛泽东评价他是"全心全意为了改造中国而耗费了毕生的精力,真是鞠躬尽瘁,死而后已"(中共中央文献研究室编:《毛泽东文集》第七卷,人民出版社 1999 年 6 月版,第 157 页)。孙中山的经历就是与时俱进的历史。可见,研究孙中山的历史功绩,对弘扬孙中山爱国、革命和不断进步的精神,既有历史意义,也有现实意义。

在此衷心感谢为本书的出版而付出辛勤劳动的天津市政协文史委员会的领导、文史办同人,以及天津人民出版社的领导和编辑。

由于笔者的历史知识所限,书中如有不妥或错误之处,恳望大家指教。

葛培林
2017 年 8 月 18 日
于津门通海堂